KLARTEXT

Bildnachweis:
ETH-Bibliothek/TMA/Fotograf unbekannt: S. 4/5, S. 28, S. 31, S. 32, S. 49, S. 50, S. 52, S. 53, S. 54, S. 55, S. 74, S. 84, S. 92, S. 97, S. 104, S. 112; ETH-Bibliothek/TMA/Emil Meerkämper: S. 15, S. 17, ETH-Bibliothek/TMA/E. Wasow S. 98, ETH-Bibliothek/TMA/Atelier Nanon, M. Hinzelmann S. 101; Imago Images: S. 58, United Archives S. 10, S. 79, teutopress S. 20, GRANGER Historical Archive S. 38, S. 40, ZUMA/keystone S. 42, zoonar S. 61, UIG S. 81; picture alliance: keystone S. 7, Mary Evans/AF Archive/Richter S. 11, pa S. 22, S. 44, akg-images S. 24, SZ Photo/Wolf Gaudlitz S. 26, dpa S. 35, dpa/DB Röhnert S. 57, ZB/Wilfried Glienke S. 62, ullstein Haeckel Archiv S. 71, Associated Press/Charles Gorry S. 75, Eduard Roth S. 86, SZ Photo/Kurt Schraudenbach S. 68, 89, Mary Evans Picture Library S. 94, AP/CJDEA S. 106

Für Iris, Aenne und Thea

Bibliografische Information der Deutschen Nationalbibliothek
Die Deutsche Nationalbibliothek verzeichnet diese Publikation in der Deutschen Nationalbibliografie; detaillierte bibliografische Daten sind im Internet über portal.dnb.de abrufbar.

Impressum
1. Auflage Oktober 2024
Layout und Satz: Guido Klütsch
Umschlagabbildungen: ETH-Bibliothek Zürich, Thomas-Mann-Archiv/Fotograf unbekannt – Fotografie nachträglich coloriert (Thomas Mann lesend in Sanary-sur-Mer), Imago Images/robertkalb photographien (Thomas Mann Haus in Nidden), picture alliance/glasshouse images (Felix Krull), picture alliance/keystone/Gaetan Bally (Medaille), picture alliance/akg-images (Buddenbrooks Sonderausgabe)
Autorenfoto Umschlagklappe: privat
Druck & Bindung: Linsen Druckcenter GmbH, Siemensstraße 12-14, 47533 Kleve

ISBN 978-3-8375-2639-4

KLARTEXT

Jakob Funke Medien Beteiligungs GmbH & Co. KG
Jakob-Funke-Platz 1, 45127 Essen
info.klartext@funkemedien.de
www.klartext-verlag.de

natureOffice
natureOffice.com/DE-706-NH6G8TN
Rohstoffe
Anlieferung
Produktion
g CO2e pro Druckprodukt 572,44
CO2e-Emissionen ausgeglichen

FSC www.fsc.org
MIX
Papier | Fördert gute Waldnutzung
FSC® C108224

André Port le roi

Thomas Mann

**Populäre Irrtümer
und andere Wahrheiten**

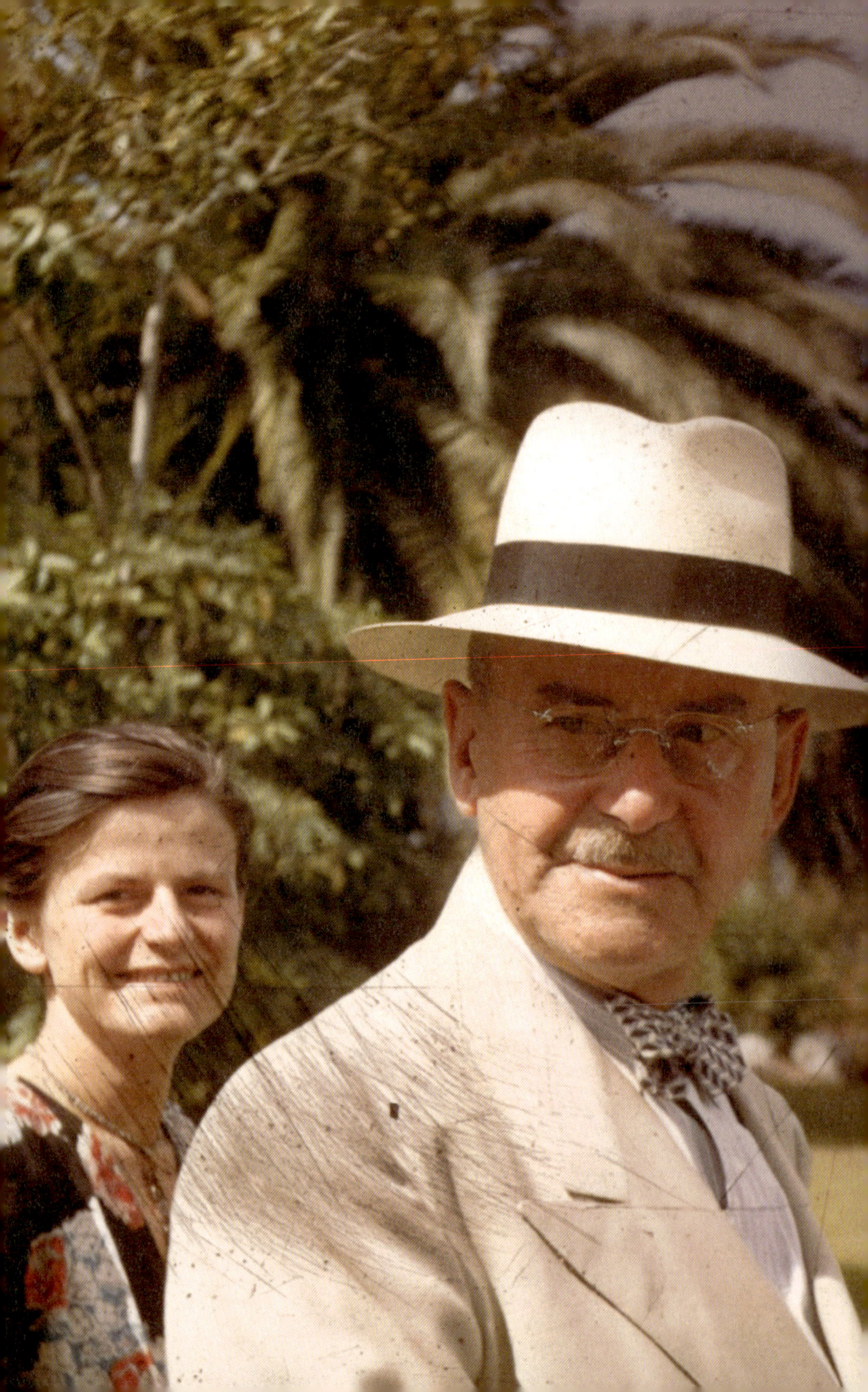

Inhalt

Zum Geleit

„Literatur als Lebensform" behauptet die Unterzeile auf dem Titel dieses Buches – und genau darum soll es hier gehen. Familie, Freunde, das ganze Leben waren für Thomas Mann vor allem: Material. Sein Werk ist ein ständiges, großes Gespräch mit der Welt, seiner Zeit und sich selbst. Unbescheiden glaubte Thomas Mann, dass seine Sicht auf das Leben wichtig sei und besonders – und er hatte recht, weil seine Kunst stets klüger war als der Autor selbst. „German Culture is where I am", sagte er bei seiner Ankunft in Amerika und meinte eben auch: „Kultur ist da, wo ich bin".

Die einzelnen Kapitel dieses Buchs trennen so auch nicht zwischen Leben und einzelnen Werken Thomas Manns, sondern versuchen sie zusammen zu lesen. Natürlich funktioniert ein unsterbliches Meisterwerk wie „Der Zauberberg" auch ohne biografische und zeitliche Einordnungen, aber interessanter wird es dadurch eben doch. Und gerade ein Kapitel wie das über die wechselnden Staatsbürgerschaften Thomas Manns und seiner Familie zeigen unmittelbare Zeitgeschichte in einem sehr bewegten Jahrhundert. Leben wird Literatur – und so kommen auch die Kinder Thomas Manns oder die Auseinandersetzungen im und durch das erzwungene Exil sowie die permanenten politischen Turbulenzen zu ihrem Recht.

Bitte beachten Sie auch die praktischen Lektüreempfehlungen am Ende des Buches, aber vor allem vergessen Sie nicht: Ein Leben ohne Thomas Mann ist möglich, aber sinnlos!

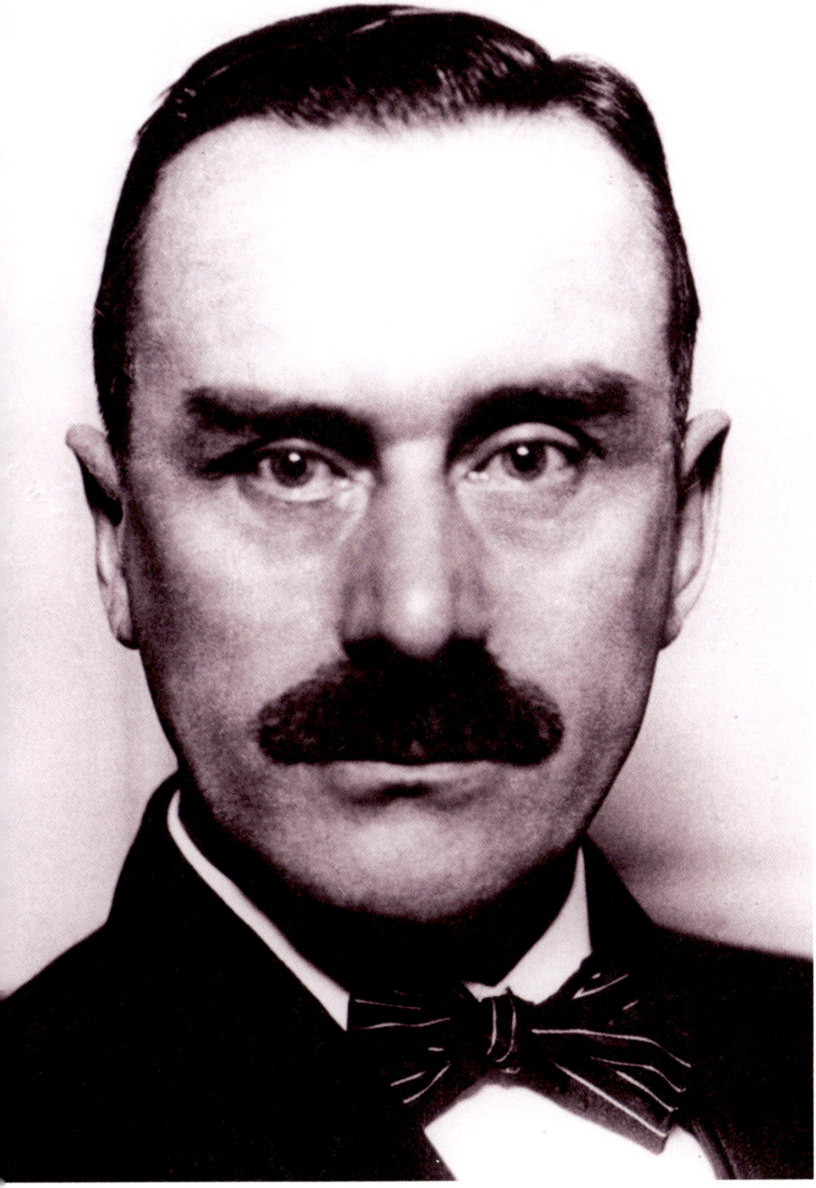

Der Hochstapler

Er war nicht mehr jung, aber er brauchte das Geld. Und so kam es, dass Thomas Mann 1922 ein fast zehn Jahre altes Manuskript veröffentlichte, das noch nicht abgeschlossen war und nur aus einem ersten Teil bestand.

Während des Großen Krieges war seine Familie nochmal um zwei Kinder angewachsen und die Inflation fraß auch am Vermögen des erfolgreichen Schriftstellers. Da kam das Angebot des Wiener Rikola Verlags gerade recht, eine bibliophile Ausgabe der ersten fünf Kapitel der „Bekenntnisse des Hochstaplers Felix Krull" zu drucken – und sehr großzügig zu honorieren. 1911 war bereits ein einzelnes Kapitel im Almanach des S. Fischer Verlags erschienen, in den nächsten Jahren las Thomas Mann immer wieder öffentlich aus unveröffentlichten Kapiteln, bis auf die illustrierte Kleinstauflage ein Jahr später die erste „richtige" Buchausgabe in der Deutschen Verlagsanstalt folgte. Bis 1926, also in drei Jahren, erreichten fünf Auflagen über 25.000 Exemplare. „Das Buch der Kindheit", so der Untertitel dieses ersten Teiles, erschien 1929 im Jahr des Nobelpreises in neuer Aufmachung und 1932 in der Insel-Bücherei. „Felix Krull" war schnell ein zuverlässiger Publikumserfolg geworden – trotz des erkennbar fragmentarischen Charakters des Romans, der wegen des geringen Umfangs damals noch als Erzählung galt und so auch veröffentlicht wurde.

Und doch sind die „Bekenntnisse des Hochstaplers Felix Krull" ein Wunder – und auch ein Solitär im Werk Thomas Manns. Die ersten Notizen und Ausarbeitungen entstanden in der Zeit nach den „Buddenbrooks", wurden immer wieder unterbrochen und schließlich auf die Seite gelegt. Die Notizen und Pläne für eine Fortführung begleiteten Thomas Mann von München in sein erstes Schweizer Exil, in die USA und wieder in die Schweiz – so umfasst die Arbeit für das Buch insgesamt über 40 Jahre.

„Felix Krull“ ist der einzige Roman von Thomas Mann, der in der Ich-Form geschrieben ist – denn Krull legt vorgeblich etwa vierzigjährig seine eigenen Memoiren vor – eine erste Lüge oder besser: Hochstapelei. Die Romanfigur ist etwa der gleiche Jahrgang wie Thomas Mann („Mitte der 1870er Jahre“) und bekommt, obwohl im Rheingau als Sohn eines Sektfabrikanten aufwachsend, autobiografische Züge und Fantasien des späteren Nobelpreisträgers mit. Das Gefühl des Außenseiters, der sich trotzdem zu Höherem berufen fühlt – da ist schon viel Thomas Mann dabei, der über sich und das Schriftstellern in einem Brief schrieb: „Was ich treibe, ist eine Art von harmloser Hochstapelei – vielleicht bin ich gerade hiermit und auf diese Weise ein – Dichter.“

Nach Pleite und Selbstmord des Vaters kommt Felix Krull schließlich nach Paris, schlägt sich durch und lernt den etwa gleichalten Marquis de Venosta kennen. Dessen Liebschaft mit der Sängerin Zaza wollen die Eltern unterbinden und ihren Sohn deshalb auf Weltreise schicken. Felix, der gelernt hat, Schriften perfekt nachzuahmen, erklärt sich zu einem Rollentausch bereit und tritt an des Marquis Stelle die reich alimentierte Reise an, damit dieser bei seiner Freundin in Paris bleiben kann.

Felix Krull ist einfach erstaunlich – und von so gewinnendem Wesen und außerordentlich schöner Gestalt, dass ihm seit seinem sechzehnten Lebensjahr Männer und Frauen jeglichen Alters verfallen. Dass Thomas Mann in seinen Büchern nicht prüde ist, lässt sich hier exemplarisch nachlesen, und die exaltierte Schwärmerei angesichts des „hermesgleichen“ männlichen Körpers führt der inzwischen fast achtzigjährige Schriftsteller ausführlich aus – die physische Verführungskraft wirkt auf Männer und auf Frauen, auf ältere wie jüngere.

Als 1954 die Fortführung des nun Roman genannten Buches in der endgültigen Fassung erschien, war es immer noch nicht abgeschlossen. Immer wieder hatte Thomas Mann in den letzten Jahren seine Pläne über Fortsetzung und Abschluss des Romans geändert. Er war unsicher, ob Personal und Thema noch in die Zeit passten und ob er es schaffte, den Ton der ersten

Felix Krull verzaubert Damen wie Madame Houpfle ...

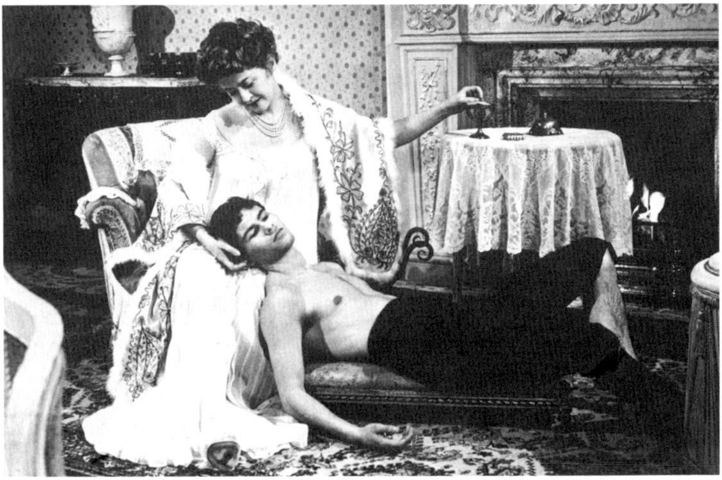

Kapitel – die er in seinen Dreißigern, also noch vor dem Ersten Weltkrieg, verfasst hatte – erneut zu treffen. Seine Bedenken und Zweifel tauchen häufig auf: in Gesprächen, Briefwechseln und im Tagebuch. Und wie um sich und seinen eigenen Zweifeln zu beweisen, dass er es doch noch könne, las er immer wieder Kapitel aus dem „Felix Krull“ öffentlich vor. 1952 waren Thomas und Katia Mann aus den USA zurück in die Schweiz gezogen, die Mühen dieses interkontinentalen Umzuges waren doch beträchtlich. Die in Kalifornien begonnene Wiederaufnahme wurde nun am Zürichsee weitergeführt. Die öffentliche Resonanz auf einzelne Kapitel, die er auch im Rundfunk vorlas und die dann zur Veröffentlichung des Romans auf Schallplatte erschienen, und auch die im Tagebuch erwähnten Interventionen Katias, die von „wirtschaftlicher Ratsamkeit, den Krull fortzuführen“ sprach, ließen ihn am Plan weiterarbeiten. Doch die Phasen des Zweifels blieben. In der Schweiz merkte Thomas Mann, inzwischen Ende siebzig, dass auch seine Kräfte nachließen. Und so beschloss er, nach dem Lissabon-Kapitel ist Schluss mit dem Krull. Erika war mit in die Schweiz gekommen und half ihrem Vater wie inzwischen gewohnt bei der Arbeit. Und der ließ sich gerne auf

... und Herren wie Lord Kilmarnock gleichermaßen.

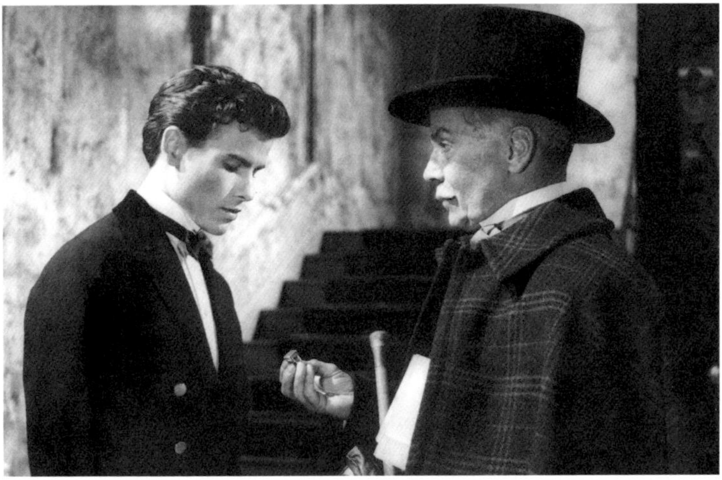

ihre inhaltlichen und formalen Vorschläge ein, stellte um, kürzte und schrieb neu. Erika war unverzichtbar für Thomas Manns Arbeit geworden. Der April 1954 brachte einen letzten Umzug innerhalb der Schweiz nach Kilchberg und letzte Korrekturen am „Felix Krull" bis in den Juni. In einem Brief an seinen Verleger schrieb Thomas Mann, er sehe dem Erscheinen „nicht besonders freudig" entgegen und zählte zahllose Schwachpunkte des Buches und auch seiner persönlichen Verfassung auf. Der Umzug aus den USA, der in seiner Hast Züge einer Flucht angenommen hatte, belastete ihn doch mehr als geahnt. Er vermisste manchmal sein schönes Haus in Kalifornien, das dortige Klima und viele Freunde und Bekannte – die Manns waren in der Schweiz, trotz vieler Reisen, doch deutlich isolierter als an der Westküste.

Die „Bekenntnisse des Hochstaplers Felix Krull" erschienen im Herbst 1954 und wurden vom Publikum und der Kritik ausnahmslos positiv bis begeistert aufgenommen. 1957 verkörperte Horst Buchholz den Felix Krull in einem erfolgreichen Kinofilm von Kurt Hoffmann. Bis heute sollten zwei weitere Verfilmungen folgen. Thomas Mann hatte zum Ende seines Lebens einen seiner schönsten Romane vorgelegt – seinen heitersten allemal.

Zahlen & Fakten

Die Mann'sche Villa in der Münchner Poschingerstraße hatte die **Hausnummer 1**.

Zwei Mal versuchte Thomas Mann, Schweizer Bürger zu werden – vergeblich, er starb als Amerikaner.

Drei Mal verbringen Thomas und Katia Mann und Teile der Familie den Sommer in ihrem Ferienhaus im ostpreußischen Nidden (1930–1932).

Vier Enkelkinder haben Thomas und Katia Mann zu ihren Lebzeiten bekommen: Angelica und Dominica Borgese (Töchter von Elisabeth Mann Borgese) und Frido und Toni Mann (Söhne von Michael Mann). Michael adoptierte 1970 noch Raju, ein indisches Waisenkind.

Fünf Verfilmungen gibt es bis jetzt allein von den „Buddenbrooks": **1923** erschien ein Stummfilm von Gerhard Lamprecht, **1959** eine zweiteilige Fassung von Alfred Weidenmann, **1965** eine Fernsehserie in der BBC, **1979** eine elf(!)teilige Fernsehserie fürs westdeutsche Fernsehen und schließlich **2008** ein zweieinhalbstündiger Kinofilm von Heinrich Breloer.

Sechs Kinder hatten Thomas und Katia Mann: Erika (1905–1969), Klaus (1906–1949), Golo (1909–1994), Monika (1910–1992), Elisabeth (1918–2002), Michael (1919–1977)

Sieben Gedichte hat Thomas Mann zu Lebzeiten unter seinem Namen veröffentlichen lassen.

Acht Romane hat Thomas Mann veröffentlicht: Buddenbrooks, Königliche Hoheit, Der Zauberberg, Joseph und seine Brüder, Lotte in Weimar, Doktor Faustus, Der Erwählte, Bekenntnisse des Hochstaplers Felix Krull

Die **neunte Überfahrt** über den Atlantik machte Thomas Mann im Sommer 1947 von Rotterdam nach New York.

10 Bände umfasst die Ausgabe der Tagebücher Thomas Manns.

20 Prozent vom Verkaufserlös erhielt Thomas Mann für die „Buddenbrooks“ – ein Autorenhonorar, das in seiner Höhe heute unvorstellbar erscheint.

21 Mark kostete die Ganzleinenausgabe des „Zauberberg“ 1922, trotzdem waren bis 1928 schon **100.000** Exemplare verkauft.

19 Sonderauflagen von Büchern Thomas Manns brachte der S. Fischer Verlag in wenigen Jahren nach der Verleihung des Literaturnobel-preises 1929 auf den Markt.

Neun statt **Sechs Jahre** brauchte Thomas Mann am „Katharineum zu Lübeck“ für das „Einjährige“, was etwa der Mittleren Reife entsprach.

Der Zauberberg

Der 1924 erschienene Roman „Der Zauberberg“ umfasst, je nach Ausgabe, zwischen 940 und 1017 Seiten – auch wenn der Inhalt sehr schnell erzählt ist:

1907 reist der frischgebackene Ingenieur Hans Castorp aus Hamburg in ein Sanatorium bei Davos, um seinen an Tuberkulose erkrankten Vetter zu besuchen. Aus drei Wochen werden sieben Jahre, in denen unser Held schnell Teil der zeitlosen, wiederkehrenden Routinen des Kurbetriebes wird, sich verliebt, in philosophische Dispute mit zwei höchst gegensätzlichen Intellektuellen gerät und miterlebt, wie die „Schwindsucht“ seinen Vetter und andere Patienten sterben lässt. Am Ende löst „Der Donnerschlag“, so der Name des letzten Kapitels, mit dem Ausbruch des Weltkriegs die Gesellschaft auf.

Das ist alles, auf tausend Seiten? Keine großen Wanderungen, keine Überquerungen wilder Ozeane, keine Abenteuer an unbekannten Orten in längst vergangenen, heldenhaften Zeiten? Ein siebenjähriges Leben zwischen Liegekuren, dem Speisesaal mit gutem und schlechtem Russentisch, Spaziergängen, Gesprächen und wieder Liegekuren. Und doch ist dieser Roman „das wichtigste Buch meines Lebens“ für den klugen und so virilen Volker Weidermann (langjähriger Leiter des „Literarischen Quartetts“), und die weltberühmte und einflussreiche Amerikanerin Susan Sontag bekannte gar: „Kein anderes Buch war in meinem Leben so wichtig“. Der mexikanische Nobelpreisträger Octavio Paz erzählte noch nach Jahrzehnten, wie „Der Zauberberg“ ihn und seine Mitstudenten begeisterte und aufstörte.

Thomas Mann selbst hat sein bis dahin umfangreichstes Werk einen „Zeitroman“ genannt – und genau das ist dieses Buch in mehrfacher Hinsicht. „Der Zauberberg“ beschreibt präzise die Zeit vor dem Großen Krieg, die Unbeweglichkeit dieser Epoche und ihre Auflösungserscheinungen, darin der erzählerischen

Kraft der „Buddenbrooks“ nicht unähnlich. Und doch geht Thomas Mann hier weit über die erzählerische Konstruktion seines weltberühmten Erstlings hinaus – „Buddenbrooks“ war ein bürgerlicher, realistischer Roman über das 19. Jahrhundert in der Tradition des 19. Jahrhunderts geschrieben, „Der Zauberberg“ war Thomas Manns Eintritt in die Literatur der Moderne.

Doch zurück zu den Anfängen: 1912 erkrankte Katia Mann an einem „Lungenspitzenkatarrh“ und musste eine Reihe von Monaten in einem Sanatorium bei Davos verbringen. Ihr Mann besuchte sie für drei Wochen und beobachtete den etwas wunder-

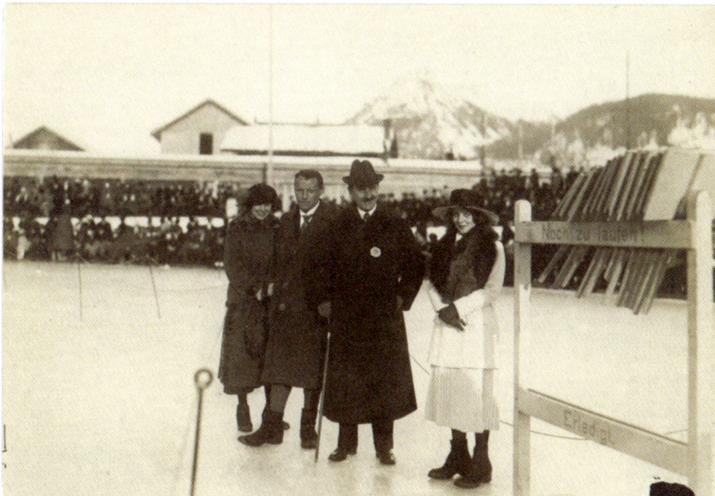

Thomas Mann auf dem Eisfest in Davos Anfang der 1920er Jahre

lichen Betrieb oben in den Bergen. Bevor die konkrete Planung für eine „Erzählung, die in Davos spielt“, Gestalt annimmt, muss erst „Der Tod in Venedig“ fertiggestellt werden, anschließend schreibt er noch ein wenig am „Felix Krull“.

Diese so produktiv erscheinenden Jahre waren für Thomas Mann aber auch eine Zeit der psychischen und künstlerischen Suche, vielleicht sogar Verunsicherung. Die „Buddenbrooks“ waren für den damals knapp Fünfundzwanzigjährigen ein internationaler, spektakulärer Erfolg gewesen, aber nun, fast 15 Jahre später, bekam er Angst, wie sein Fixstern Goethe noch nach Jahrzenten der literarischen Produktion nur für seinen Erstling (bei Goethe der „Werther“) wahrgenommen zu werden. Anfang November 1913 schrieb er seinem Bruder Heinrich von „Erschöpfung, Müdigkeit, Zweifel, Schwäche“: „Ich bin ausgedient und hätte wahrscheinlich nie Schriftsteller werden dürfen. ‚Buddenbrooks‘ waren ein Bürgerbuch und sind nichts mehr fürs 20. Jahrhundert. ‚Tonio Kröger‘ war bloß larmoyant, ‚Königliche Hoheit‘ eitel, der ‚Tod in Venedig‘ halb gebildet und falsch. Das sind so die letzten Erkenntnisse und der Trost fürs Sterbestündlein.“

Wer so hart mit sich ins Gericht geht, braucht keine Literaturkritiker mehr. Thomas Mann steckte wohl in einer handfesten Depression. Er war sensibel und klug genug, um den Umbruch, die Zeitenwende jener Jahre zu spüren. Noch hatte er für sich keinen Ausweg aus dieser sich abzeichnenden Sackgasse gefunden.

Bei Kriegsausbruch 1914 war „Der Zauberberg“ zu etwa einem Drittel der ersten Hälfte geschrieben und Thomas Mann hatte seinen „Ausgang“ gefunden, wie er seinem Verleger schrieb. Der „Dualismus von Geist und Natur, der Widerstreit von civilen und dämonischen Tendenzen im Menschen – im Krieg wird dieses Problem ja eklatant.“ Thomas Mann stellte sich in den Dienst der „Deutschen Sache“, verkrachte sich heftig mit seinem Bruder und begann nach den „Gedanken im Kriege“ 1915 mit den „Betrachtungen eines Unpolitischen“. Diese Rechtfertigungsschriften für den deutschen Überfall auf das neutrale Belgien, die Versenkung der Lusitania und den uneingeschränkten U-Bootkrieg richteten sich in erster Linie gegen den älteren Bruder. Heinrich hatte sich, auch in Reaktion auf die „Gedanken“, mit dem „Zola“-Essay gegen die Deutschtümelei Thomas Manns gestellt. Dieser konstruierte nun während der Kriegsjahre einen Gegensatz zwischen „Kultur“ und „Zivilisation“, zwischen west-

Kurhaus in Davos, das Vorbild für den „Zauberberg"

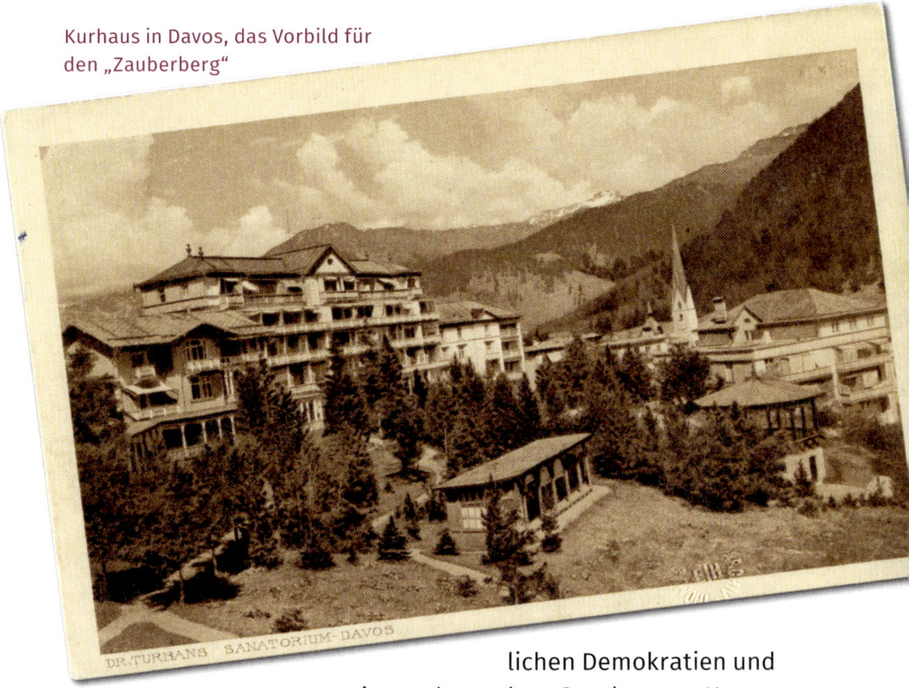

lichen Demokratien und einem deutschen Sonderweg. Hauptgegner in den „Betrachtungen" war der „Zivilisationsliterat", war – Bruder Heinrich.

Mit Kriegsende 1918 war „das Untier", wie Thomas Mann seine „Betrachtungen" selbst nannte, erschienen. Es war wie eine Teufelsaustreibung der dunklen Romantik, des Kokettierens mit dem Tode – am Ende musste Thomas Mann feststellen, dass er so eindeutig nicht die eine Position vertrat, sondern dass auch er beide Seiten in sich trug.

Deutschland hatte den Krieg verloren, Thomas Mann erwachte aus seiner strengen Selbstbefragung und erfreute sich an seiner neugeborenen Tochter Elisabeth. Er schrieb ein Büchlein in Versen über die Einjährige, räumte seinen Schreibtisch auf und holte im April 1919 das „Zauberberg"-Manuskript wieder hervor. Jetzt wusste er: Es wird ein Roman.

Und er kommt zurück zum Begriff des „Zeitromans“: dass das lange 19. Jahrhundert mit dem Großen Krieg zu Ende ging, war Thomas Mann sofort klar geworden. Und auch, dass er auf diese Veränderung, dieses „Neue“ künstlerisch reagieren wollte und musste. Das Koordinatensystem der politischen Systeme richtete sich in diesen Jahren ebenso neu aus wie die der Naturwissenschaft, der Philosophie und der Kunst. 1913 und 1918 waren in Frankreich die ersten beiden Bände „Auf der Suche nach der verlorenen Zeit“ von Marcel Proust erschienen, 1917 veröffentlichte Albert Einstein seine Abhandlung „Über die spezielle und die allgemeine Relativitätstheorie“ und nur einige Jahre später begann Martin Heidegger die Niederschrift von „Sein und Zeit“. Diese rasante Entwicklung, ja das Revolutionäre dieser Zeit hatte Thomas Mann nicht nur gespürt, sondern auch seinen „Zauberberg“-Helden Hans Castorp durchlaufen lassen. Die erzählte Zeit des Romans beschleunigt sich zum Ende rasant, auf lange Diskussionen folgen halluzinatorische Visionen im Schweizer Schnee. Das Erzählte fließt in das Essayistische, die Figuren werden in immer kräftigeren Farben gemalt – das Ende des Romans, die letzten fünf Seiten, sind eine beinahe expressionistische Explosion, die die romantischen Schwärmereien auf den blutigen Schlachtfeldern Flanderns beendet.

Klingt kompliziert? Es ist ein großartiges Lesevergnügen, Hans Castorp auf seiner Reise zu begleiten. Sie werden unvergesslichen Personen begegnen: dem Hofrath Behrens, der verführerischen Clawdia Chauchat, dem gewaltigen Mynheer Peeperkorn und natürlich Settembrini und Naphta, den philosophischen Begleitern unseres Helden. Fangen Sie einfach an, ohne Literaturlexikon oder Erläuterungsheftchen. Und wenn es Ihnen etwas zu „verplaudert“ wird, überspringen Sie einfach ein paar Seiten – so empfiehlt es auch der Thomas Mann-Enthusiast Volker Weidermann. Und kehren aber bitte ein paar Jahre später wieder zurück.

Im Kino

„Im Kino gewesen. Geweint." – 1913 hat Franz Kafka diese berühmten Zeilen in sein Tagebuch eingetragen. Thomas Mann hatte zwar schon von dem damals kaum bekannten Prager gehört, kannte aber diesen Satz natürlich nicht, als er 1928 fragte: „Sagen Sie mir doch, warum man im Cinema jeden Augenblick weint oder vielmehr heult wie ein Dienstmädchen". Tja, warum?

In seinen Werken kommt bis auf eine kurze Szene im „Zauberberg" das Kino nicht vor, und erst die Tagebücher zeigten auf, wie häufig und leidenschaftlich Thomas Mann selbst ins Kino ging. Tatsächlich war Thomas Mann mit dem jungen Medium bestens vertraut, war er doch nach Aufforderung durch die Münchner Polizeidirektion seit dem Winter 1918/19 Mitglied des „Lichtspiel-Censur-Beirats" gewesen.

Als 1923 eine erste Stummfilmfassung der „Buddenbrooks" in die Kinos gekommen war, hatte Thomas Mann das Ergebnis noch als „strohdumm und sentimental" bezeichnet – bald bot sich die Gelegenheit, es selbst besser zu machen. Über seinen Bruder Viktor, der – eigentlich Bankkaufmann – nebenberuflich als Drehbuchautor arbeitete, trat ein Berliner Filmproduzent an Thomas Mann heran und bot ihm die Mitarbeit an einem Film über „Tristan und Isolde" an. Viktor verhandelte einen Vertrag, der die Hälfte des Honorars bei Vertragsabschluss vorsah, auszuzahlen in amerikanischen Dollar. Deutschland befand sich noch mitten in der Hyper-Inflation und Thomas Mann sagte zu. Viktor Mann entwickelte ein Drehbuch, Thomas schrieb die Stummfilm-Zwischentitel. Das Projekt schritt voran, die Reklame lief an und im Dezember 1923 berichtete die *Bayerische Staatszeitung* unter der Überschrift „Thomas Mann als Filmdichter" über die konkreter werdenden Pläne. Bald nach Übergabe der Manuskripte stabilisierte sich die deutsche Währung, die weitere Finanzierung wurde schwieriger. Die Realisierung des Films wurde weiter

Dieter Borsche als „Königliche Hoheit" mit Ruth Leuwerik als Amerikanerin Imma Spoelman

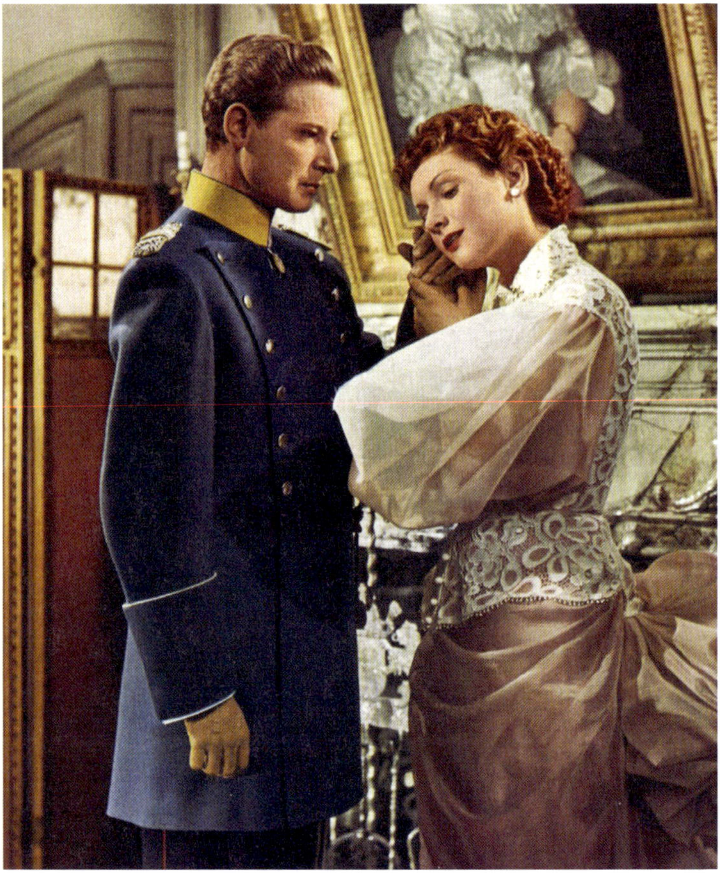

verschoben und verschoben, schließlich kam gegen Ende des Jahrzehnts der Tonfilm auf. Im Zweiten Weltkrieg sind sämtliche Drehbücher verloren gegangen, erhalten ist nur eine achtseitige, von Thomas Mann verfasste Filmskizze.

Von den Zwischentiteln ist nur ein einziger erhalten, der das Verhalten des Einsiedlers im Walde gegenüber dem Liebespaar beschreibt: „Der alte Eremit dort war auch einmal jung und lustig, als er noch keinen so langen Bart hatte."

Für ein zweites Filmprojekt arbeitet Thomas Mann während seiner Zeit in Kalifornien, als er in unmittelbarer Nähe Hollywoods lebte. Im August 1942 besuchen ihn die aus Deutschland emigrierten und nun in Hollywood tätigen Schauspieler und Produzent Reinhold Schünzel und Paul Kohner mehrfach „zum Thee", wie Thomas Mann in seinen Tagebüchern berichtet. Thomas Mann unterbricht die Arbeit am „Joseph", liest erneut in der „Odyssee" und berichtet seiner Gönnerin Agnes E. Meyer ausführlich von den Plänen für einen „Film, der in Griechenland unter der Besetzung durch die Italiener und Deutschen spielt". Auch diese geplante modernisierte Rückkehr des Odysseus wird nie gedreht, erhalten ist lediglich eine Art Vor-Treatment, das Thomas Mann auf vier Seiten entworfen hat.

Fast unbedeutend ist Thomas Manns Mitarbeit an der Idee zu „The Woman With the Hundred Faces" – ein paar Gespräche mit dem Filmagenten Henry Leiser und der vergebliche Versuch, seinen Schwiegersohn Giuseppe Borgese einzubinden. Anfang 1945 beendete Thomas Mann seine Mitarbeit an dem bald aufgegebenen Projekt und damit seine unmittelbare Tätigkeit für das Filmgewerbe.

Für die Nachkriegsverfilmung der „Königlichen Hoheit" von 1953 war dann auf seinen – und wohl vor allem Erikas – Wunsch seine Tochter als „künstlerische Beraterin" engagiert. Die ersten Drehbuchfassungen entsetzten die Manns („unerbitterlich entstellt"), und so wurde nachträglich die Beteiligung Erikas an der Bearbeitung des Drehbuchs und der Auswahl der Schauspieler durchgesetzt. Sie übernahm sogar eine kleine Rolle: die der Oberschwester Amalie. Erikas Mitwirkung verbesserte die Stimmung während der Produktion nicht, achtete sie doch penibel auf die Respektierung der Romanvorlage. Aber der fertige Film war dann für Thomas Mann, auch dank seiner geliebten Tochter, „ganz liebenswürdig und hübsch zu sehen" – der etwas bieder geratene Film wurde ein Publikumserfolg, die Romanvorlage wurde erneut ein Bestseller und alle waren zufrieden.

The Mann Twins

„Ein kühnes, herrliches Kind“ – dieses Urteil Thomas Manns über seine älteste Tochter, die 1905 geborene Erika, prägte ihr ganzes Leben. Ihre Ansprüche an sich selbst waren mindestens so hoch wie die Ansprüche der anderen oder die des Vaters. Und als sie später diesen eigenen Erwartungen nicht mehr genügen zu können glaubte, übernahmen die Dämonen der Mann-Kinder – Alkohol, Tablettenmissbrauch und Depressionen – auch die Macht über sie. Ihr ein Jahr jüngerer Bruder Klaus war da bereits 1949 gestorben, zwanzig Jahre vor Erikas Tod.

„The Mann-Twins“ in Amerika

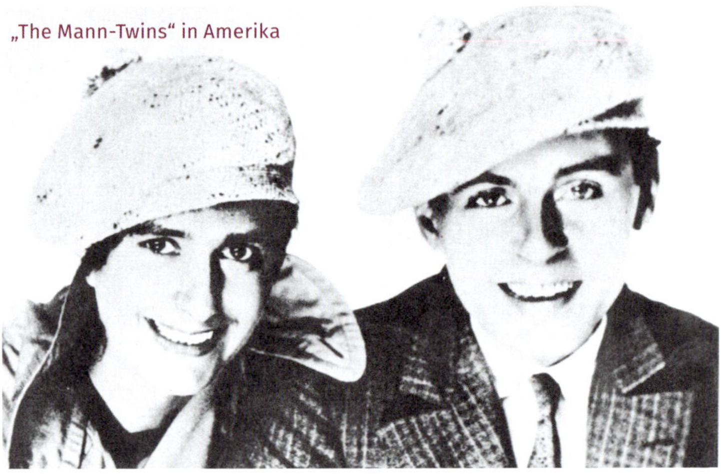

Das alles war im Oktober 1927 noch weit weg. Erika hatte 1924 ihr Abitur bestanden (mit furchtbaren Noten), Klaus war durchgefallen (was ihn nicht im Geringsten störte). Erika war drei Jahre später bereits verheiratet mit Gustaf Gründgens, dem aufstrebenden Theaterstar. Aber auch das war mehr ein Spiel, so wie die Verlobung drei Jahre zuvor von Klaus mit Pamela Wedekind, der Tochter des berühmten Dichters und Nachbarn in München, die eigentlich in Erika verliebt war. Die letzten Jahre hatten die vier zusammen Theater gespielt. Klaus verfasste das Stück „Anja und Esther", Gustaf inszenierte, in München und im gleichen Jahr auch in Hamburg. Dort spielt dann auch Erika die Anja, Klaus deren Halbbruder Kaspar und Pamela schließlich Esther, die Geliebte Anjas. Das war dann auch keine Kunst, das war das Leben – ein (kalkulierter) Skandal für die Öffentlichkeit und Bewegung und Aufmerksamkeit für den umtriebigen Klaus.

Nach der Hochzeit bei den Eltern in München gründet Erika den gemeinsamen Hausstand mit Gustaf in Hamburg, hält sich aber meist in München und Berlin auf, so wie Klaus. Der schreibt ein zweites Stück „Revue zu Vieren", wieder mit ihm, Erika, Gustaf und Pamela in den Hauptrollen. Für das Bühnenbild ist diesmal Thea Sternheim zuständig, die Tochter des Dramatikers Carl Sternheim – wieder ein Dichterkind. Bei der Arbeit an dem Stück überwerfen sich alle miteinander: Erika und Gustaf trennen sich, Pamela löst die Verlobung mit Klaus, um dann später den Vater ihrer Freundin Thea zu heiraten – Carl Sternheim.

Zu kompliziert und zu viel für Sie? Für Erika und Klaus auch – 1927 planen sie zu zweit eine Weltreise, dann fällt Klaus ein, dass er doch einen Verleger in den USA hat. Ein Vorschuss für ein zu schreibendes Buch der beiden („Rundherum") wird angeworben und ein Agent für eine Vortragstour gefunden. Der Rest wird sich finden und im Zweifel – zahlen die Eltern. Die Geschwister, die in Amerika als Mann-Twins auftreten, sind erst Anfang zwanzig, doch München (und Deutschland) wird ihnen schon zu klein. Der rasche Ortswechsel als Problemlösung – Klaus wird dieser Mechanismus bis an sein Lebensende begleiten.

Die europäische Bohème wächst in den Jahren zwischen den Weltkriegen zusammen, und Erika und Klaus sind fleißige Netzwerker. Klaus schreibt unentwegt: Autobiografien, Romane, Zeitungs- und Zeitschriftenartikel. Erika schreibt auch, spielt Theater und fährt Autorennen: 1931 gewinnt sie mit dem Freund Richard – Ricki – Hallgarten ein Zehntausendkilometer-Rennen quer durch Europa. Natürlich hat sie zwischendurch einen Lehrgang zum Automechaniker (damals gab es keine weiblichen

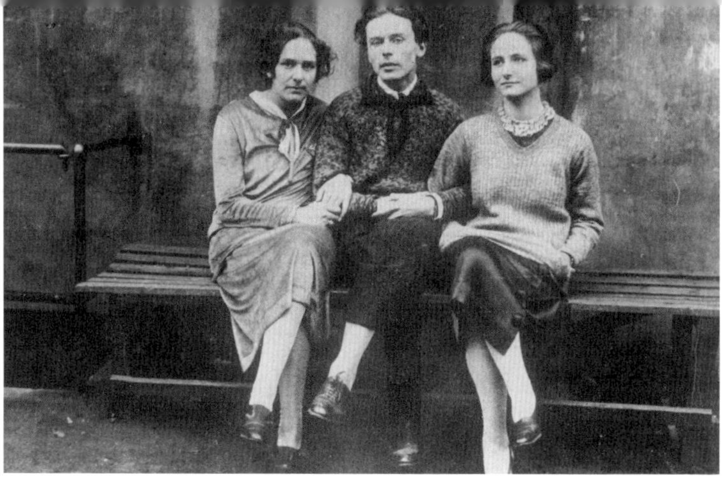

Erika, Klaus und Pamela Wedekind um 1925

Berufsbezeichnungen) absolviert – als einzige Frau unter Männern. So könnte es ewig weitergehen, mit der Geschwindigkeit und mit dem Rausch. Anfang der dreißiger Jahre sind beide *heavy user*, von Frauen, von Männern und von Drogen aller Art und verschlafen beinahe die aufziehende politische Katastrophe.

Erika wacht als erste auf: Mit ihrer Schauspielkollegin (und Geliebten) Therese Giese gründet sie – natürlich mit anderen Freunden – das Kabarett „Pfeffermühle“, das am 1. Januar 1933 in München Premiere hat. Der Erfolg ist gewaltig, und auch im Exil in der Schweiz wird das Kabarett mit immer neuen Programmen zum Arbeitsmittelpunkt der Schwester. Klaus darf gelegentlich an den Texten mitschreiben, aber *sie* ist der Star der Truppe und die Chefin. Schon ab 1934 werden kaum noch Texte von Klaus gespielt. Auch die (rückblickend eminent wichtige) Exilzeitschrift *Die Sammlung*, die Klaus herausgibt, wird von Erika hart kritisiert. In Briefen weist sie ihn oft harsch zurecht – künstlerisch, in Liebesdingen und wegen seines exzessiven Drogenkonsums.

Ob sie glaubte, dem Bruder durch größere Distanz helfen zu können? Seine seelische Abhängigkeit von der Schwester tritt immer stärker hervor und verhindert sicher auch, dass er tiefere Bindungen zu seinen Geliebten aufbauen kann. Erika hat dies erkannt – aber ist wohl auch oft ratlos. Als *Die Sammlung* 1935 eingestellt werden muss, ist Klaus am Boden zerstört.

Elisabeths Husten

Interessanterweise müssen sich Schriftsteller wie Thomas Mann immer wieder mit zwei gegensätzlichen Vorwürfen auseinandersetzen. Der erste lautet, sie würden ja immer nur über ihr eigenes Leben schreiben – wie angeblich in „Buddenbrooks“, „Königliche Hoheit“ oder „Tonio Kröger“. Der andere, oft gleichzeitig erhobene, besagt, das hätte ja alles nichts mit der Realität zu tun, mit dem echten Leben. Beides stimmt und beides ist falsch.

1995 bestieg der amerikanische Romancier und Erfolgsschriftsteller John Irving in Toronto ein Flugzeug der Air France, um über Paris zur Frankfurter Buchmesse zu reisen. „Meine Sitznachbarin war eine ältere Dame mit einem beängstigend hartnäckigen Husten. Sie hatte einen kultivierten deutschen Akzent und ein distanziertes, aristokratisches Gesicht, das unendlich viel Lebensweisheit und Zurückhaltung verriet.“ So beschreibt Irving in „Deutschlandreise“ seine Zufallsbekanntschaft im Flugzeug. Man kommt ins Gespräch, er liest auf der Bordkarte, dass sie einen italienischen Namen trägt. Ihre Branche seien die Ozeane, erzählt sie, und als Irving erzählt, er schriebe Romane, kannte sie seinen Namen nicht, aber erwähnte beiläufig, begleitet von heftigen Hustenattacken, ihr Vater habe auch Romane geschrieben – ohne dass sie dessen Namen erwähnte. Nun, das Fantastische ist nicht, dass einer der berühmtesten und erfolgreichsten Schriftsteller des späten 20. Jahrhunderts zufällig die letzte Tochter des berühmtesten Schriftstellers der ersten Hälfte des Jahrhunderts kennenlernt, sondern wie die Geschichte weitergeht: Elisabeth Mann Borgese (wie die jüngste Mann-Tochter nach ihrer Heirat hieß) sprach nicht nur über Roman-Verfilmungen mit Irving, wie die Visconti-Verfilmung von „Der Tod in Venedig“, sondern sie erzählte von ihren Enkelinnen und vor allem von ihren beiden außergewöhnlichen Hunden.

Claudio könne Schreibmaschine schreiben, Arleccino sogar Klavier spielen, beide mit ihren Schnauzen. Sie können sich das

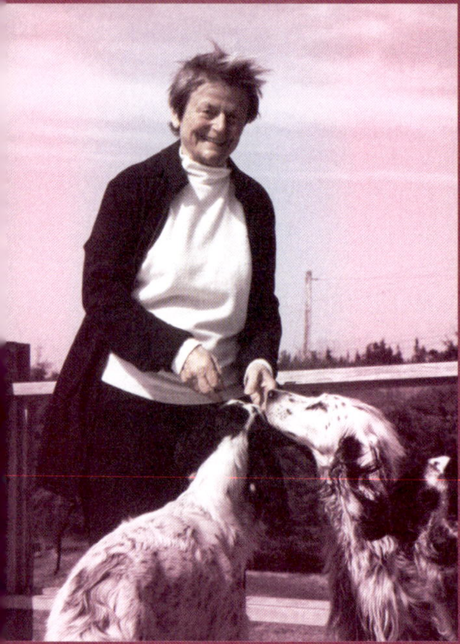

Elisabeth mit ihren Klavier spielenden Hunden

nicht recht vorstellen? John Irving gibt freundlicherweise zu, dass er auch etwas skeptisch war. Aber er schickt ihr später einen seiner Romane („Gottes Werk und Teufels Beitrag") und sie revanchiert sich mit einer Tonbandkassette, auf der sie tatsächlich mit ihrem Hund Klavier spielt! Irving erzählt, dass er häufig seinen Gästen die Aufnahmen eines Mozart-Menuetts, einer „Kinderszene" von Schumann und ein Stück von Bartók vorgespielt habe – alle Hörer hätten auf ein (einigermaßen) begabtes Kind getippt. „Es stimmt also wirklich, daß Arlecchinos Ururenkel Claudio mit der Schnauze die rechte Hand eines Menuetts und zweier Kinderstücke spielen lernte und daß ihm eine Ozeanographin, die ihrerseits die Tochter eines berühmten Romanschriftstellers ist, das Klavier spielen beibrachte" – so Irving in „Deutschlandreise".

Und wenn Sie nun glauben, John Irving, der begnadete Geschichtenerzähler und -Ausdenker habe bei seiner Schilderung ein wenig geflunkert oder übertrieben – ein paar Jahre später hat Elisabeth dem nach Kanada in ihr Haus gereisten Filmemacher Wolf Gaudlitz die ganze Geschichte bestätigt. Was also ist das Leben und was ist die Wahrheit? Für die „Buddenbrooks" wie für diese Geschichte von Elisabeth Mann Borgese gilt, was später Günter Grass zu John Irving sagte, als ihm dieser von der Begegnung erzählte: „Die Leute wollen die Wahrheit hören. Aber wenn einer die Wahrheit erzählt, sagen sie: ‚,Das ist ja doch alles erfunden.'"

Königliche Hoheit

Thomas Mann fürchtet sich ein wenig. Es sei „ein trauriges Künstlerschicksal, bis zum Tode und in die Unsterblichkeit hinein der Autor eines erfolgreichen Erstlingswerkes zu bleiben". So schrieb er selbst 1904, als *sein* Erstling „Buddenbrooks" bereits ein kommerziell und künstlerisch äußerst erfolgreiches Buch geworden war. Und tatsächlich dauerte es sieben Jahre, bis nach den „Buddenbrooks" schließlich 1909 ein zweiter Roman von ihm erschien: „Königliche Hoheit". Auch dieser war nach Erscheinen ein großer Verkaufserfolg und nahm Thomas Mann etwas von der Angst, nur ein „One-Hit-Wonder" zu sein.

Der Roman spielt in der damaligen Gegenwart in einem fiktiven deutschen Großherzogtum. Der Sohn des Großherzog, Prinz Klaus Heinrich, wächst privilegiert, aber isoliert auf. Eine leichte körperliche Behinderung unterstreicht seine Außenseiterposition. Nach diversen Irrungen und Wirrungen findet er mit der amerikanischen Milliardärstochter Imma Spoelmann sein Glück und eine neue Sicht auf sein Leben und die wirtschaftliche Konsolidierung des Landes.

Wieder verwertet Thomas Mann Teile seiner eigenen Biografie, um den bereits angefangenen, aber dann verworfenen Roman zu „retten". Die „Grundidee der Einsamkeit" des Prinzen wird erweitert um die Möglichkeit einer Gemeinsamkeit. Ursprünglich war der Roman konzipiert als Studie einer einsamen, aristokratischen Existenz, die ihr Außenseitertum annimmt und zur Beobachtung und Betrachtung der Welt verurteilt scheint – in ihrer Dekadenz eine typische Thomas-Mann-Konzeption dieser Zeit. Aber diese Konstruktion trug nicht richtig, er brach die Arbeit wieder ab.

Die Begegnung mit Katia Pringsheim, seiner zukünftigen Frau, änderte nicht nur sein Leben grundlegend, sondern ließ ihn ein Jahr nach der Hochzeit den Roman noch einmal neu beginnen.

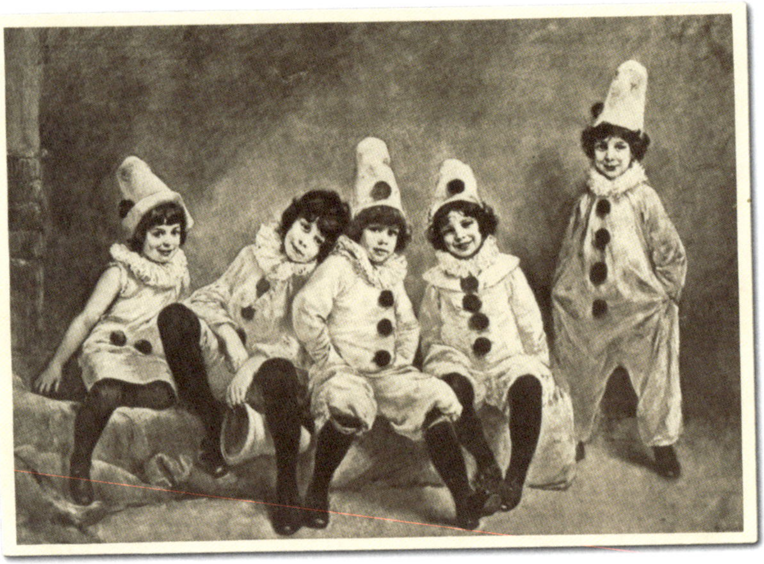

„Kinderkarneval“ von Friedrich August von Kaulbach, 1889. Eine Zeitschriftenreproduktion des Gemäldes von Katia (stehend) mit ihren vier Brüdern hing bei dem 15-jährigen Thomas über dem Schreibtisch, ohne dass er das Model kannte.

In keinem seiner Romane fließen reales Leben und Selbst-Erlebtes so unmittelbar in Handlung und Personal ein wie in „Königliche Hoheit“. Katia Pringsheim war eine außergewöhnliche Frau: Mit vier Brüdern wuchs sie als einzige Tochter des Mathematikprofessors, Kunstsammlers und Wagnerianers Alfred Pringsheim in äußerst wohlhabenden und liberalen Verhältnissen auf. Die Enkelin der Frauenrechtlerin Hedwig Dohm legte als erste Frau in München 1901 als Externe das Abitur ab. Mit einer Sondergenehmigung – in Bayern war Frauen erst ab 1903 erlaubt, sich regulär einzuschreiben – begann sie an der Universität des Vaters in München zu studieren. Der elterliche Stadtpalais war ein gesellschaftlicher Mittelpunkt der Stadt, und so wurde sie schon als Kind und junges Mädchen von bedeutenden Künstlern wie Friedrich August Kaulbach oder Franz von Lenbach porträtiert. Aus (sehr) gutem Haus, klug und hübsch: Katia Pringsheim war die beste Partie der Stadt.

Katia Mann selbst hat in ihren Memoiren beschrieben, wie sie Thomas Mann aufgefallen ist. Beide fuhren häufig mit der gleichen Trambahn, als er einen Streit mit dem Fahrkartenkontrolleur beobachtete, an dessen Ende Katia wütend aus der Bahn sprang und der Schaffner ihr hinterherschimpfte. „Das hat meinen Mann so entzückt, daß er gesagt hat, schon immer wollte ich sie kennenlernen, jetzt muß es sein".

Nach der Hochzeit im Februar 1905 und der Geburt ihrer Tochter Erika im November des Jahres fängt Thomas Mann 1906 mit dem Roman wieder von vorne an: Die Akzente sind nun deutlich verschoben. Dem Außenseiter, dem Beobachter wird die Möglichkeit der „Rettung" aus seiner Isolation aufgezeigt – die Tochter des Milliardärs Spoelmann fällt dem Thronfolger ins Auge, als sie bei einer hochoffiziellen Veranstaltung, der militärischen Wachablösung vor dem herzoglichen Schloss, einfach durch die Reihe der Soldaten hindurchläuft, „mit der Linken den Kolben mitsamt dem verdutzten Unteroffizier" auf die Seite schiebend. Eine Szene, die auf den Prinzen eine ähnliche Wirkung hat wie die Straßenbahnszene von Katia auf Thomas Mann. Der benutzt die Briefe, die er selbst Katia während und vor der Verlobung geschrieben hat, um sie teils wörtlich im Roman zu zitieren. Katia selbst sah die Analogien zwischen Roman und echtem Leben deutlich und befand, dass „das Porträt meines Vaters mit dem alten Spoelmann deutlich besser getroffen ist als das der Imma für mich". Sie empfand sich selbst als „zu schnippisch" dargestellt, aber ließ trotz allem keinen Zweifel: Klaus Heinrich und Imma, das waren sie und ihr Mann.

Es entspricht wohl dem Wesen Thomas Manns, sein Liebeswerben um Katia zu literarisieren und dem Roman und damit auch der Geschichte von Thomas und Katia ein schließlich gutes Ende zu geben – Literatur wird hier zur Lebensform. Es wird noch viel passieren in den nächsten 50 Jahren, aber die beiden werden zusammenbleiben und einander zugetan sein bis zum Schluss. Für Thomas Mann war der Entschluss zur Ehe auch eine Entscheidung, wie er nun sein Leben führen wollte. Die intensive

Freundschaft und enge Vertrautheit dieser Jahre mit Paul Ehrenberg, einem Münchner Künstler, wurde ersetzt durch die Zugewandtheit zu seiner Frau. Auch dies eine Lebensentscheidung Thomas Manns, die „etwas zu enge“ , wie sein Bruder Heinrich es ausdrückte, Bindung zu seinem Jugendfreund aufzugeben. Ähnlich wie Klaus Heinrich als Einzelgänger geboren, fand Thomas Mann erlöst in der Bindung zu (s)einer Frau sein Lebensmodel als Künstler: in innerer Unabhängigkeit bei bürgerlicher Form.

„Königliche Hoheit“ gilt bis heute als kleiner und nicht so bedeutender Roman Thomas Manns. Er selbst hat die Bedeutung dieses Buches für seine weitere literarische Produktion immer hervorgehoben: Ohne dieses Werk wären „Zauberberg“ oder „Joseph“ nicht möglich gewesen. Später erklärte er gar das erste Interesse für das zeitgenössische Leben im demokratischen Amerika mit der Arbeit an diesem Roman, was ihm erst viel später bewusst geworden sei. Die (west-)deutsche Verfilmung der „Königlichen Hoheit“ in den fünfziger Jahren begleitete Tochter Erika für ihn, sie schrieb am Drehbuch mit. Besonders Dieter Borsche als Kronprinz fand er „sehr angenehm und entsprechend“, während er durchsetzte, dass im Vorspann „Frei nach ...“ stand. Am meisten freute ihn, dass sich dank des Films der Roman wieder sehr gut verkaufte.

Klaus und Erika und das Exil

Anfang 1936 ist es Erika, die ihrem Vater zu einer klaren und endgültigen Positionierung zu Nazideutschland verhilft.

Mit Rücksicht auf seinen Verleger Bermann-Fischer, der Thomas Mann weiterhin in Deutschland, mit Umwegen über das Ausland, vertreiben möchte, hat sich Thomas Mann politisch in den letzten Jahren sehr zurückgehalten. Seine persönliche Einschätzung des Hitler-Regimes ist klar: Zu viele Freunde und Familienmitglieder sind ins Exil getrieben oder drangsaliert worden – aber er will seine deutschen Leser nicht verlieren. Als am 18. Januar 1936 in der *Neuen Zürcher Zeitung* eine von Fischer initiierte „Ehrenerklärung“ für dessen politisches Lavieren erscheint, die auch von Thomas Mann unterzeichnet ist, empfinden nicht nur die Schweizer Emigranten dies als Verrat an der Opposition.

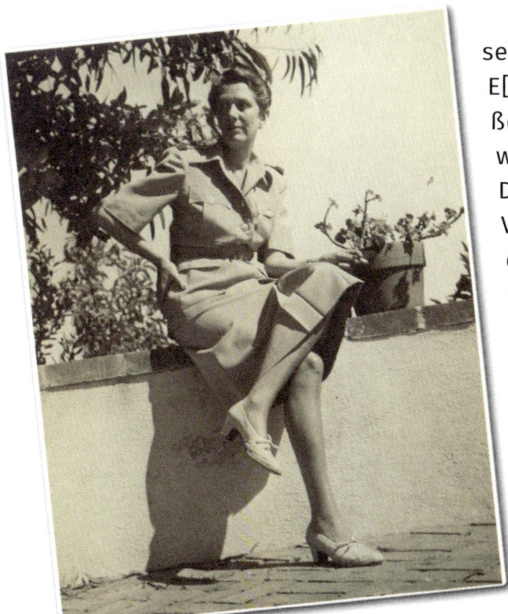

Erika 1940 in britischer Uniform

Klaus Mann schreibt in sein Tagebuch: „Telefon mit E[rika]. Lese ihr die Scheiße aus der *N.Z.Z.* vor. Sie will Zauberer schreiben.“ Der „Zauberer“, das ist ihr Vater, und was Erika ihm dann tatsächlich schreibt, führt zum endgültigen Bekenntnis des Nobelpreisträgers zur Opposition und zum Bruch mit Deutschland. Erika argumentiert nicht nur, sie droht: „Immerhin

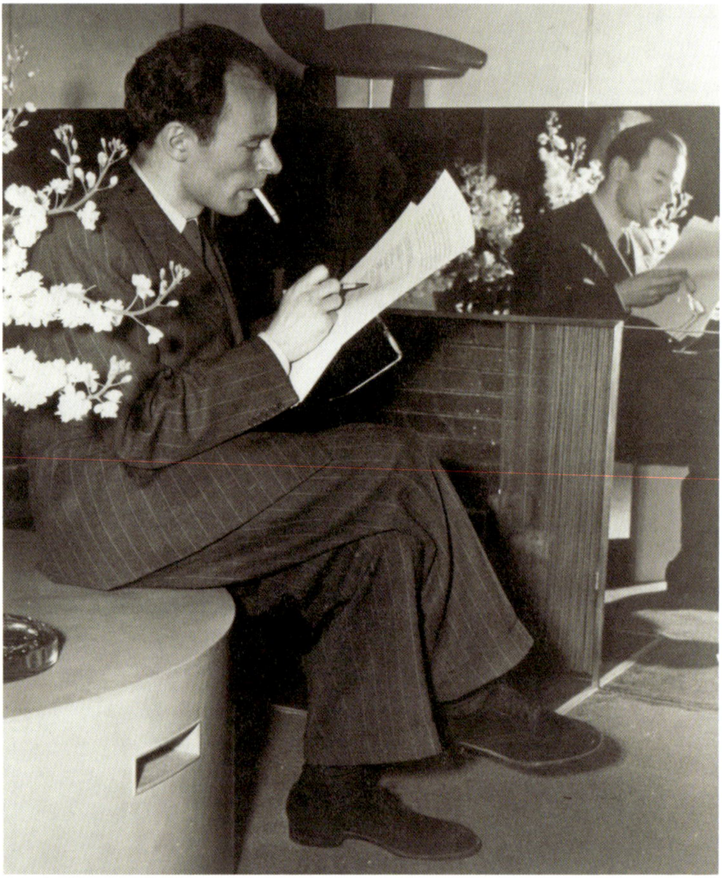

Klaus 1940 im New Yorker Hotel Bedfort, wie immer schreibend und redigierend

möchte ich dir erklären, warum deine Handlungsweise mir dermaßen traurig und schrecklich vorkommt, dass es mir schwierig scheint, dir in näherer Zukunft überhaupt unter die Augen zu treten". Sie wirft ihm vor, „der gesamten Emigration und ihren Bemühungen in den Rücken" zu fallen und schließt mit „Falls es ein Opfer für dich bedeutet, dass ich dir, mählich, aber sicher, abhanden komme – leg es zu dem Übrigen. Für mich ist es traurig und schrecklich." Das wirkt, und Thomas Mann spürt ja auch, dass seine Tochter Recht hat. Katia versucht zu vermitteln und erinnert Erika daran, dass sie „außer mir und Medi [Elisabeth] der einzige Mensch sei, an dem des Z[auberers] Herz ganz wirklich hängt", Erika legt nach und Thomas Mann nimmt sich zwei Tage Zeit und verfasst einen zwölfseitigen Brief an seine älteste Tochter, um ihr (und sich) sein Zögern zu erklären. Bruder Heinrich schaltet sich ein, verteidigt die Haltung des Bruders. Soweit die Diskussion innerhalb der Familie – die öffentliche Debatte nimmt eine neue Schärfe an, als der Feuilletonchef der *N.Z.Z.* in diesen Tagen davon schreibt, man dürfe die emigrierten jüdischen Schriftsteller nicht mit der deutschen Literatur verwechseln – Thomas Mann erscheine ja noch in Deutschland.

Innerhalb kürzester Zeit klären sich nun die Fronten: Erika und Klaus insistieren weiter, mal verständnisvoll, mal drängend. Auch sie spüren, dass die Entscheidung gefallen ist: Am 3. Februar 1936 veröffentlicht Thomas Mann einen letzten öffentlichen Brief an Eduard Korrodi, den Feuilletonchef der N.Z.Z., und erklärt sich für seine verfolgten Kollegen im In- und Ausland, gegen die Verfolgung der Juden und gegen eine deutsche Regierung, aus der „nichts Gutes kommen kann". Das ist der Bruch, im gleichen Jahr wird die ganze Familie Mann ausgebürgert. Da sind Klaus und Erika schon in Amerika, bis 1939 folgt der Rest der Familie. Erika startet noch einmal durch – sie organisiert nicht nur den Umzug der Eltern von der Schweiz in die USA, sondern bereist bis Kriegsende das ganze Land, um Vorträge gegen den Nationalsozialismus zu halten. Sie berichtet, zusammen mit dem Bruder, vom Spanischen Bürgerkrieg und schreibt und spricht Propagandasendungen für die britische BBC – bald entstehen so auf ihre Anregung die berühmten Thomas-Mann-Ansprachen „Deutsche Hörer!", die bis 1945 gesendet werden. Klaus verliert sich währendessen immer mehr in Drogen, unglücklichen Liebschaften und seiner noch einmal gestiegenen emotionalen Abhängigkeit von Erika. Er betreibt seine Einberufung in die Army, die erst Anfang 1943 erfolgt. Auch hier bleibt ihm das erhoffte

Gemeinschaftsgefühl verwehrt – es gibt Gerüchte über seine Homosexualität, so dass er seine Jugendfreundin Lotte Walter bittet, ihm ein Foto zu schicken, das er sichtbar in seiner Stube aufhängen kann, „ein recht verführerisches, mit nackten Schultern“. Klaus' Einheit kämpft in Marokko, setzt dann nach Italien über – und zieht im Juni 1944 in das befreite Rom ein. Im Mai 1945 betritt er als Mitarbeiter der Armeezeitung *stars and stripes* deutschen Boden und besucht sogar das alte Haus der Familie in München. Erika, im Gegensatz zu Klaus in der Uniform einer Offizierin, bereist den Maghreb, Kairo, Palästina, Irak und Persien. Sie ist bei der Landung in der Normandie dabei und bei der Befreiung von Paris, Brüssel und Aachen. Unabhängig voneinander treffen beide inhaftierte ehemalige Nazigrößen und berichten ihren Eltern in Kalifornien von den besiegten Deutschen, die voller Selbstmitleid und ohne jede Reue seien. Nach Ende des Krieges und mit seiner (ehrenvollen) Entlassung aus dem Militär, zieht Klaus zurück zu den Eltern nach Kalifornien. Seine Verzweiflung steigert sich, Erika bringt ihn bei Freunden unter – Klaus und die Eltern unter einem Dach, das geht nicht gut.

Im Mai 1949 ist Klaus in einem Hotel in Cannes und schreibt an einem neuen Roman. Nach einem erneuten Selbstmordversuch, es sind wohl dutzende in den letzten zwanzig Jahren, macht er eine letzte Entziehungskur. Eine Woche später, am 21. Mai 1949, stirbt Klaus Mann an einer Überdosis Schmerztabletten. Die Eltern befinden sich in Begleitung Erikas in Schweden – und brechen ihre Reise nicht ab. Erika ist gegen eine Abreise, sie und die Eltern setzen die Vortragsreise fort. Die letzten Jahre mit Klaus haben alle erschöpft, der Vater nimmt es im Tagebuch persönlich: „Er hätte es ihnen [Erika und Katia] nicht antun dürfen. Viel über ihn [gesprochen] und den von langer Hand unwiderstehlich wirkenden Todeszwang“. Bei der Beisetzung in Cannes ist niemand von der Familie dabei, erst im allerletzten Augenblick, der Sarg wird schon ins Grab gelassen, trifft der jüngste Bruder Michael noch ein und spielt auf der Geige ein kurzes Stück.

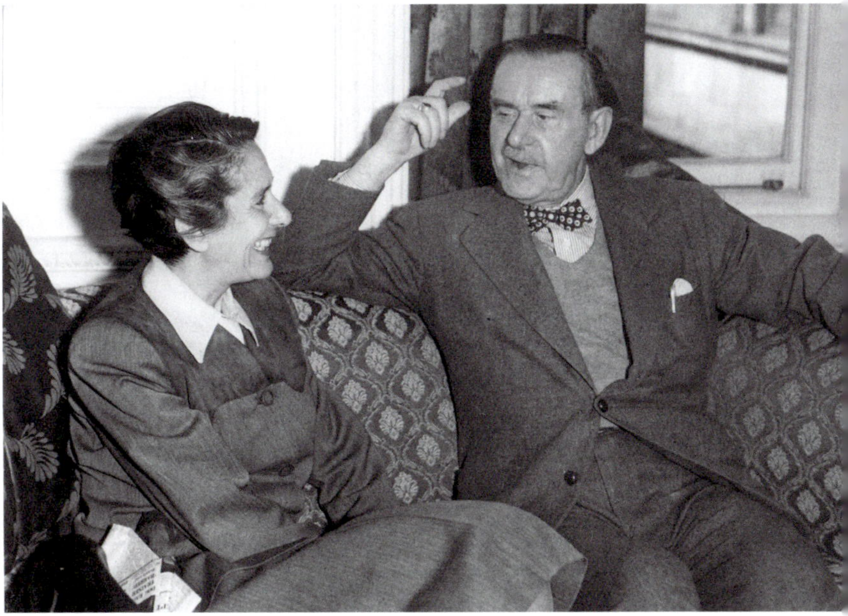

Thomas Mann und Tochter Erika – sehr vertraut miteinander

Was so lieblos, unverständlich und kalt wirkt, ist wohl vor allem der Ausdruck einer großen Erschöpfung, die die ganze Familie erfasst hat. Die erzwungenen neuen Heimatländer, die wechselnden Staatsbürgerschaften, der schreckliche Krieg; und im Amerika der aufziehenden Kommunistenhatz droht neuer, dramatischer Ärger: Bald geraten die ganze Familie Mann und auch andere Immigranten wie Albert Einstein unter pauschalen Kommunismus-Verdacht.

Ab 1950 plant Thomas Mann die Rückkehr nach Europa. Natürlich nicht nach Deutschland, aber vielleicht zurück in die Schweiz? Im amerikanischen Exil hatte Thomas Mann stets ein Foto seines Schweizer Hauses in sein Arbeitszimmer gehängt, seine jüngste Tochter Elisabeth war dort in die Schule gegangen – schließlich wurde die Enttäuschung über die innenpolitischen Entwicklungen in den USA immer größer. Erika organisierte mit der Mutter den Umzug und begleitete die Eltern in ihre neue, letzte Heimat. Bis zu ihrem Tod lebt Erika im Haus ihrer Eltern, unverzichtbar als erste und oberste Verwalterin des Werkes des Vaters. Sie redigiert und lektoriert die Texte und sogar die letzten Romane des Vaters, den „Doktor Faustus", den „Erwählten", den „Felix Krull" und vor allem seine Vorträge. Den „Versuch über Schiller" kürzt sie für den mündlichen Vortrag auf ein Fünftel ein – niemand außer ihr hätte das gekonnt oder sich getraut.

1950 gibt Erika einen Gedächtnisband für ihren Bruder Klaus heraus, und endlich gelingt es dem Vater, in seinem Beitrag über den Sohn zu schreiben: „Ich glaube ernstlich, dass er zu den Begabtesten seiner Generation gehörte, vielleicht der Allerbegabteste war." Nach dem Tod des Vaters kümmert sich Erika um den Nachlass, schreibt ein (sehr erfolgreiches) Buch über „Das letzte Jahr. Bericht über meinen Vater" und gibt seine Briefe in einer ersten Sammlung heraus. Sie schreibt wie vor 1933 wieder Kinderbücher („Die Zugvögel") und findet in einem Akt der nachgetragenen Liebe einen rührigen Verleger, der das Werk ihres Bruders neu herausgibt. Diese Vorarbeiten ermöglichten erst den späten Erfolg des Romans, der bis heute mit Klaus Mann verbunden bleibt: „Mephisto". Über Frankreich und das *Théâtre du Soleil* kam der in Deutschland verbotene Roman zu István Szabó, dessen Verfilmung 1981 den Oscar für den besten fremdsprachigen Film gewann.

Die letzten Jahre Erikas wurden für alle eine schwierige Zeit. Ab 1965 war ihr Bruder Golo zu ihr und ihrer Mutter in das Haus in Kilchberg gezogen. Golo hat später (vielleicht ein wenig zu detailliert) beschrieben, wie die letzten Jahre Erikas waren, wie Tabletten und Alkohol und schwere Stürze auf der häuslichen Treppe ihre angeschlagene Gesundheit ruinierten. Man möchte es gar nicht so genau wissen. Das Leben hatte auch Erika verwundet und ihr zugesetzt, im Februar 1969 wurde ein Gehirntumor diagnostiziert. Am 27. August 1969 starb Erika Mann nach einer Gehirnoperation, gut zwanzig Jahre nach ihrem Bruder.

Die falsche Anekdote

Schon 1920 hatte der junge Brecht den eine Generation älteren Thomas Mann bei einer Lesung in Augsburg erlebt und einen „bewußt repräsentativen Vertreter deutschen Schrifttums“ erlebt. Und angeblich hatte der Großschriftsteller über Brecht schon früh geäußert „Das Scheusal hat Talent“, woraufhin der sich mit einem „Seine Kurzgeschichten fand ich immer schon ganz gut“ revanchiert haben soll.

Noch zu Brechts 100. Geburtstag 1998 verlegte *Der Spiegel* diese hübsche Anekdote in die frühen zwanziger Jahre. Mittlerin zwischen Brecht und Mann sei damals Therese Giese gewesen, seit den zwanziger Jahren Gefährtin von Erika und als solche ständiger Gast im Mann'schen Münchner Haushalt in der Poschinger Straße. Doch tatsächlich trafen sich die Wege von Giese und Brecht erst in der Schweiz, als sie 1941 in Zürich die Hauptrolle in der „Mutter Courage“ spielte. Da war Therese Giese schon wieder an das Schauspielhaus zurückgekehrt – Erika traf sie erst 1952 wieder, als diese mit dem Vater in die Schweiz zurückkehrte. Diese wunderbare, lakonische und so pointierte Anekdote, die seit Jahrzehnten immer wieder variiert und zitiert wird, ist wohl, wie fast alle treffenden Anekdoten, ausgedacht oder gut erfunden. (Der älteste von mir gefundene Beleg ist in: Hanns Eisler, „Gespräche mit Hans Bunge. Fragen Sie mehr über Brecht“ von 1970). Therese Giese selbst hat die Geschichte – aus gutem Grund – anscheinend nie erzählt.

Interview With God

„I interrogated god this evening at four" – als Susan Sontag dies in ihr Tagebuch schreibt, ist sie 16 Jahre alt, bereits Studentin und hatte den „Magic Mountain" mit knapp 14 nicht nur gelesen, sondern intensiv durchgearbeitet. Über 50 Jahre später, die inzwischen „berühmteste und glamouröseste Gestalt der literarischen Szene New Yorks" (H. R. Vaget) hatte 2003 gerade den Friedenspreis des deutschen Buchhandels gewonnen, beschreibt sie in ihrer Dankesrede den „Zauberberg" als „most important book in my life".

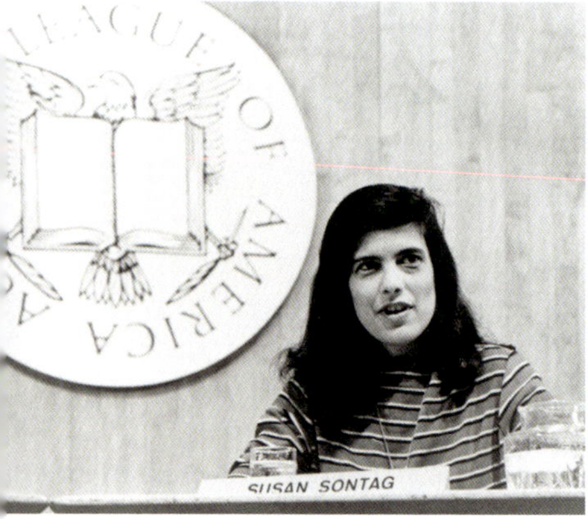

Susan Sontag spricht 1967

„God", den sie am Sonntagnachmittag um vier getroffen hatte, war übrigens: Thomas Mann.

Schon 1987 hatte Susan Sontag im *New Yorker* einen längeren Essay über ihre Begegnung geschrieben und zum ersten Mal von dieser Anekdote erzählt, die sie ironisch „Pilgrimage" nannte. Tatsächlich dauerte die Anreise dieser Pilgerfahrt lediglich eine halbe Stunde mit dem Auto. Ein Freund Sontags hatte unter „M" im Telefonbuch nachgeschlagen und angerufen. Einfach so. So beschreibt es jedenfalls Susan vierzig Jahre später. Und mögen die ausführlich geschilderten Details sich im Laufe der Jahrzehnte verändert und vergrößert haben – ihr Freund Merrill will bei seinem spontanen *call* zuerst mit Katia und dann noch mit Erika gesprochen haben, die schließlich („Just a minute, I will ask my father") die Botschaft überbrachte: „My father is expecting you fort tea next Sunday at four."

Der Besuch selbst ist nicht imaginiert, Thomas Mann erwähnt ihn mit einem Satz in seinen Tagebüchern („Nachmittags Interview mit 3 Chicagoer Studenten über den ‚magic mountain'"). Nebenbei zeigt diese Episode auch, dass seine Englischkenntnisse nicht so schlecht sein konnten, wie oft kolportiert wird: Sontag erwähnt zwar den hörbaren Akzent ihres Idols und sein bedächtiges Sprechtempo – aber ein anspruchsvolles Gespräch über seine Romane und Sontags Interpretationen konnte der Nobelpreisträger problemlos in der fremden Sprache führen.

Die erinnerte und – nach fast vierzig Jahren – sicher auch literarisierte Begegnung beeinflusste Sontag ihr Leben lang, der immer noch höchst lesenswerte Essay im *New Yorker* verbindet Gegenwart, Vergangenheit und Zukunft der damals 16-Jährigen um diesen Fixpunkt ihres Lebens. Es spricht unbedingt für die später weltberühmte Autorin, dass sie auch deshalb so lange nichts von dieser Geschichte erzählte, weil sie damals das Gefühl hatte, im Dialog mit Thomas Mann über seine Romane, Wagner, Kafka und Goethe keine gute Figur abgegeben zu haben. Ein *fangirl*, das sein Idol trifft, bekommt immer ein Problem – das verstand sie erst viel später, und auch, dass dies nichts an ihrer Faszination für Mann geändert hatte. In ihrer Frankfurter Preisrede führt sie ihr außergewöhnliches Interesse an europäischer, vor allem französischer und deutscher Kultur, auch auf dieses Ereignis zurück. Thomas Manns Ruhm in den Vereinigten Staaten beschränkte sich also nicht auf Immigrantenkreise und seine Rolle im Kampf gegen Hitler: Er hatte auch bei jungen amerikanischen Literaten beachtliche Strahlkraft. Der junge Gore Vidal, weitläufig verwandt mit dem späteren Vizepräsidenten Al Gore und Halbbruder von Jackie Kennedy, war wie Susan Sontag ein literarisches Wunderkind, das schon mit 14 Jahren begann, alles von Thomas Mann zu lesen. Als Vidal für seinen dritten Roman „The City and the Pillar" endlich einen Verleger gefunden hatte, schickte er Anfang 1948 auch ein Exemplar an den so verehrten Thomas Mann. Erst zwei Jahre später fand der die Zeit, den Skandalroman des Nachwuchsautors zu lesen, der in direkter Sprache das (homo-)sexuelle Erwachen des 18-jährigen Romanhelden und dessen Eskapaden beschreibt. In seinen Tagebüchern hat Mann recht genau seine Gefühle bei der Lektüre des „homoerotischen Romans“ beschrieben, er fand „die Liebesspielscenen zwischen Jim und Bob ganz ausgezeichnet“. Das unmittelbar Sexuelle ging ihm zu weit („Das Sexuelle, die Affairen mit den diversen Herren mir eben doch unbegreiflich. Wie kann man mit Herren schlafen.“) Und doch zeigt das Tagebuch dieser Zeit, wie berührt Thomas Mann von diesem Roman war, der ihn auch dazu inspirierte, den „Felix Krull“ wiederaufzunehmen, den er in diesen Tagen der Vidal-Lektüre seinen „homosexuellen Roman“ nennt.

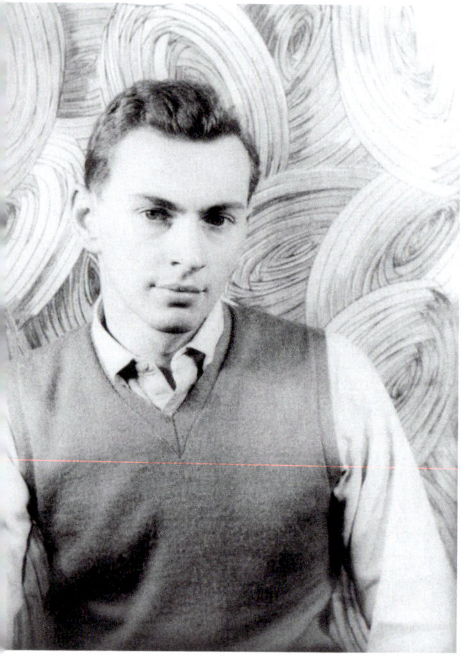

Gore Vidal 1948, als er Thomas Mann ein Exemplar von „The City and the Pillar“ zusandte

Gore Vidal erfuhr von diesen wichtigen Lektüreerfahrungen damals noch nichts. Aber als Anfang der 1990er Jahre die Thomas-Mann-Tagebücher dieser Zeit erschienen, beschrieb er beglückt in einem Vorwort zur Neuauflage von „The City and the Pillar“ Felix Krull als eine „sonnigere und heitere“ Fassung („lighter, more allegro version“) seines eigenen Romanhelden Jim Willard. Hans Rudolf Vaget hat in seiner großartigen Studie „Thomas Mann, der Amerikaner“ auch anhand dieses Beispiels den lange unterschätzten Einfluss Manns auf die damals jungen amerikanischen Intellektuellen beschrieben. Susan Sontags *god in exile* hatte sich nicht nur unter der Sonne Kaliforniens stärker verändert, als er selber dachte, sondern auch in seiner neuen Heimat tiefe Spuren hinterlassen.

Thomas und Bert

Am Ende hat Thomas Mann, wie fast immer, gegen ihn gewonnen. Als das Demoskopische Institut Allensbach zuletzt nach dem bedeutendsten Schriftsteller des 20. Jahrhunderts fragte, lag Thomas Mann, wenn auch knapp, vor Bertolt Brecht. Und obwohl Brecht seit Jahrzehnten, im Gegensatz zu seinem Lübecker Antipoden, Schullektüre ist, gaben 53 Prozent der Bevölkerung an, etwas von Thomas Mann gelesen zu haben – gegen 52 Prozent bei Brecht.

Eine doch erstaunliche Rangordnung, denn „etwas" von Brecht gelesen haben, bedeutet fast immer ein Theaterstück oder Gedicht – bei Thomas Mann dagegen einen oft umfangreichen Roman oder eine längere Erzählung oder Novelle. Und so scheint die Frage, die die Nachkriegsliteratur über Jahrzehnte begleitete: „Thomas Mann oder Bertolt Brecht?" im Nachhinein erstaunlich – vergleicht sie doch schwerlich Vergleichbares.

Künstlerisch konkurrierten beide in den zwanziger und dreißiger Jahren kaum. Brecht war 1928 mit der Uraufführung der „Dreigroschenoper" das bis 1933 meistgespielte Bühnenstück gelungen, während Mann 1929 den Nobelpreis verliehen bekam. Und natürlich arbeitete sich der junge Wilde an dem Altstar ab.

Die Frage „Brecht oder Mann?" speist sich wohl hauptsächlich aus den Kontroversen innerhalb des amerikanischen Exils während der Nazizeit. Beide wohnten, wie so viele andere Exilanten, in der Nähe Hollywoods bzw. Los Angeles. Und viele deutschsprachige Kulturflüchtlinge bildeten so etwas wie einen großen Salon: Schriftsteller*innen wie Thomas und Heinrich Mann, Lion Feuchtwanger, Alfred Döblin, Vicki Baum oder Franz Werfel, Musiker, Komponisten und Dirigenten wie Bruno Walter, Arnold Schönberg, Hanns Eisler oder Kurt Weill, Schauspieler*innen wie Marlene Dietrich oder Peter Lorre – und eben auch Bert Brecht. Ergänzt um Philosophen wie Adorno und Horkheimer versammelte

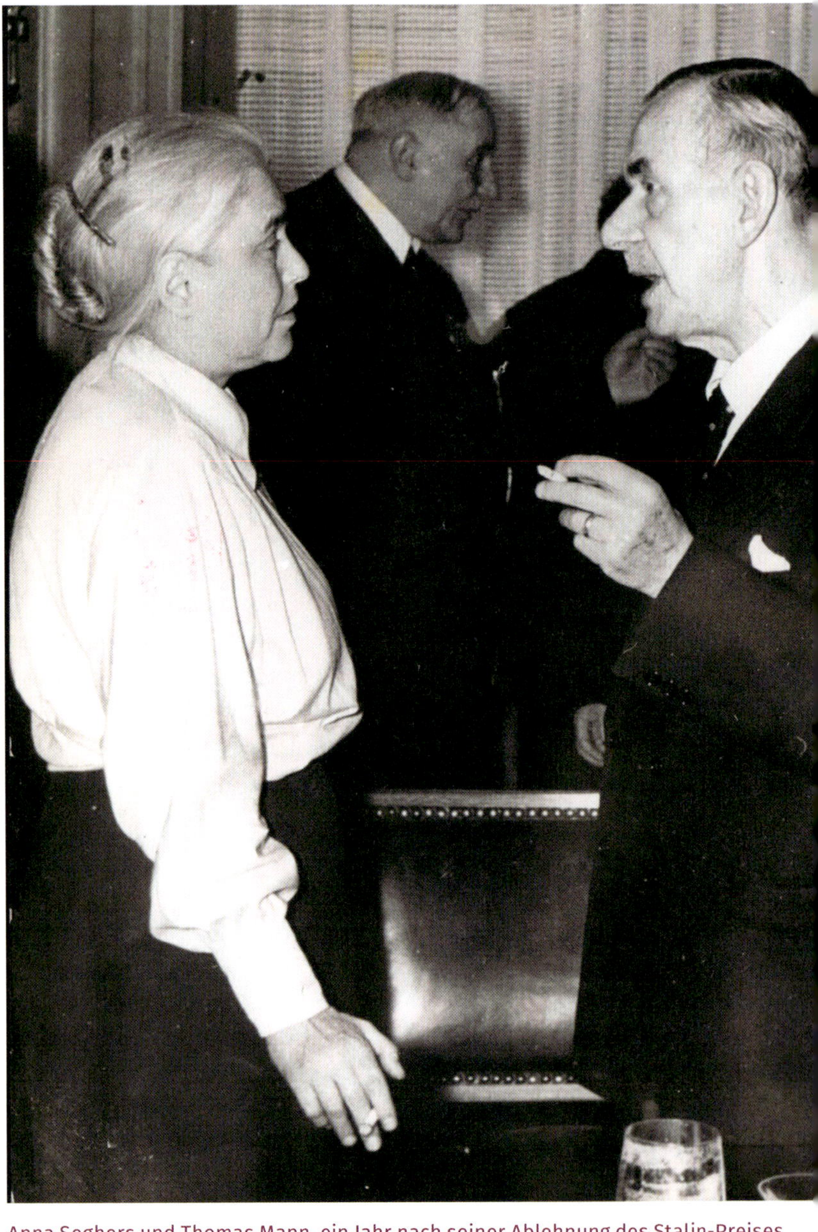

Anna Seghers und Thomas Mann, ein Jahr nach seiner Ablehnung des Stalin-Preises

sich die kulturelle Elite, die vorher über Berlin, München, Frankfurt oder Wien verteilt war, nun auf wenige Quadratkilometer der *westside* und versuchte, eine gemeinsame Haltung zu Deutschland zu finden. Temperament, politische und künstlerische Haltung oder Bedeutung waren dabei genauso unterschiedlich wie die eigene wirtschaftliche Situation. Als die USA 1941 in den Krieg gegen Hitler eingetreten waren, einigte der gemeinsame Gegner nicht nur die höchst unterschiedlichen Kriegsparteien, sondern vorübergehend auch die exilierte bürgerliche und kommunistische Opposition. Es wurden Komitees einberufen und unterstützt und offene Briefe geschrieben – und immer war klar: An Thomas Mann führt kein Weg vorbei. Seine Bedenken konnten ein Projekt scheitern lassen, seine Unterstützung generierte publizistische und finanzielle Hilfe. Viele Emigranten hatten Schwierigkeiten mit der neuen Sprache, der neuen Kultur, ihrer verschwundenen künstlerischen Resonanz und schlicht kaum finanzielle Möglichkeiten. Während Charlie Chaplin mit Arnold Schönberg Tennis spielte, ging anderen, wie Brecht, der ewig blaue Himmel auf die Nerven. Thomas Mann und Brecht trafen sich auf Feiern, wie dem 65. Geburtstag von Alfred Döblin, und versuchten sich freundlich zu ignorieren. Die Situation eskalierte, als sich die Exilprominenz am 1. August 1943 im Haus von Berthold Viertel traf, um eine öffentliche Erklärung zur Unterstützung des Nationalkomitee Freies Deutschland aufzusetzen, das von kommunistischen Emigranten und deutschen Soldaten in sowjetischen Kriegsgefangenlagern gegründet worden war. Man einigte sich nach vierstündiger Debatte auf einen gemeinsamen Text, berücksichtigte die von Thomas Mann gewünschten Änderungen – bis dieser am nächsten Tag Lion Feuchtwanger anrief und seine Unterschrift zurückzog. In seinem Journal tobt sich Brecht daraufhin aus: „Für einen Augenblick erwog sogar ich, wie das deutsche Volk sich rechtfertigen könnte, daß es nicht nur die Untaten des Hitlerregimes, sondern auch die Romane des Herrn Mann geduldet hat, die letzteren ohne 20 bis 30 SS-Divisionen über sich“. In diesem unversöhnlichen Ton geht es in nächster Zeit weiter, in seinem Journal, aber auch in persönlichen Gesprächen mit anderen Emigranten – Brecht ist genervt und fühlt sich vom wankelmütigen Nobelpreisträger um die Gelegenheit gebracht, eine eigenständige und fortschrittliche Position des deutschen Exils zu formulieren. Gleichzeitig ist Brecht entsetzt vom „nationalistischen Quark", mit dem die kommunistischen Exilanten in Moskau die deut-

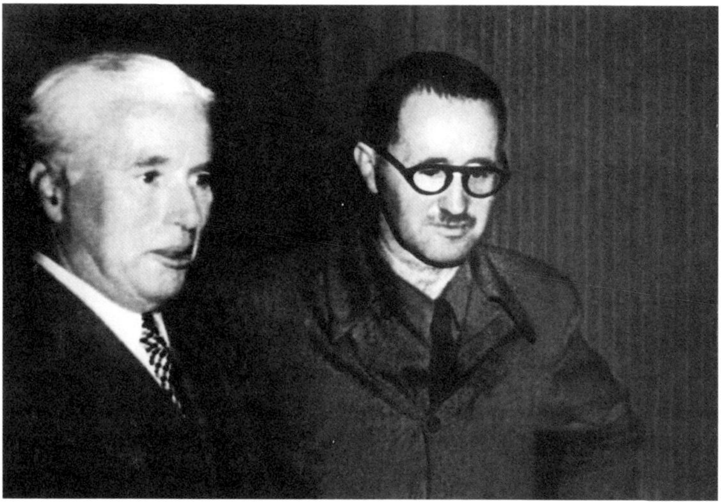

Carlie Chaplin 1947 bei einer Brecht-Premiere in Beverly Hills

sche Kultur vor Hitler verteidigen wollen. Aber Moskau ist weit und Thomas Mann wohnt nur um die Ecke. Und so bekommt dieser die Brecht'sche Wut und Verzweiflung und Exil-Paranoia ungefiltert ab.

Als 1973 die Journale Brechts zum ersten Mal als Buch erschienen, sah sich Golo Mann in einem längeren Artikel in der *Zeit* genötigt, seinen Vater gegen Brecht zu verteidigen. In der Tat entbehren die im Journal erzählten Horrorgeschichten über Thomas Manns Vernichtungsfantasien gegen Deutschland und vor allem über die wirtschaftliche Situation des Bruders Heinrich jeglicher Grundlage: Während Thomas vier bis fünf Autos besäße, müsse sein Bruder „stempeln gehen" und seine Frau Nelly in einer Wäscherei arbeiten. Golo dazu: „Es ist kein wahres Wort daran". Es waren Gerüchte, die man sich in der Exil-Gemeinde erzählte, oft übernommen von der bedauernswerten, alkoholkranken und verzweifelten Nelly Mann, der Ehefrau Heinrichs. Selbst wohlmeinende Brecht-Experten und -Exegeten der Gegenwart wie Stephen Parker schränken den Gehalt der Journale jener Zeit ein, „vielleicht sollte nicht jedes Wort Brechts [über Thomas Mann] auf die Goldwaage gelegt werden".

Nach dem Krieg hielt Thomas Mann den gleichen Vortrag „Ansprache im Goethejahr 1949" in Frankfurt am Main und in Weimar. Sein alter Impuls aus der Emigrationszeit, sich nicht reflexhaft gegen die Sowjetunion zu stellen und seine Verachtung der Verteufelungen des aufziehenden Kalten Krieges wurde aber in der jungen Bundesrepublik nicht verstanden und stark kritisiert. Und die sowjetische Besatzungszone feierte kurz vor ihrer Konstituierung als DDR den „großen Humanisten Thomas Mann" wie einen Staatsgast. Da saß Bert Brecht noch in Österreich und ließ seine Frau Helene Weigel in (Ost-)Berlin die Gründung eines eigenen Ensembles vorbereiten – Thomas Mann hatte ihm auch diesmal die Show gestohlen.

1954 rief Anna Seghers aus Moskau bei Brecht in Berlin an, um ihm mitzuteilen, dass ihm der (letztmalig so genannte) Internationale Stalin Friedenspreis zugesprochen worden war. Was sie ihm nicht erzählte – der Preis war für Thomas Mann vorgesehen gewesen. Als dieser ablehnte („unannehmbar", so sein Tagebuch), fiel die Wahl rätselhafterweise auf Brecht. Der hatte damals in Berlin heftigen Ärger mit den Kulturbehörden, weil er sich dem gewünschten Sozialistischen-Realismus-Kitsch nicht unterwerfen wollte und nahm das mit dem Preis verbundene Renommee gerne mit. Und das erhebliche Preisgeld, das er sich zur Hälfte in Schweizer Franken auf ein eigens angelegtes Schweizer Konto überwiesen ließ. Es sei aber auch erwähnt, dass Brecht in Moskau darauf bestand, seine Preisrede vom damals bereits verfemten Boris Pasternak übersetzen zu lassen.

Mit den Jahrzehnten erschienen die vergangenen Positionen der beiden immer gegensätzlicher: Hier der etwas wunderliche, unentschlossene und rückwärtsgewandte Bürger (Thomas Mann) und auf der anderen Seite der entschlossene Kämpfer für die Zukunft (Bertolt Brecht). Noch in den siebziger Jahren galt Brecht als Avantgarde und Thomas Mann erschien nur wie ein schwacher Widerschein einer untergegangenen Epoche – beide waren zu Chiffren im großen Kampf der Generationen geworden.

Als Brecht dann 1956, ein Jahr nach Thomas Mann, wenn auch 23 Jahre jünger, starb, ging auch eine Epoche der deutschen Exilliteratur zu Ende. Beiden war ihr gemeinsames Geburtsland nach der Rückkehr aus dem Exil in den USA unheimlich geblieben, beide fremdelten mit dem unreflektierten deutschen Elan des entweder kapitalistischen Wirtschaftswunders in Westdeutschland oder des „Aufbaus des Sozialismus“ in der DDR. Und wie Thomas Mann als Amerikaner in der Schweiz beerdigt wurde, starb Brecht als österreichischer Staatsbürger, der er, nach seiner Ausbürgerung aus Deutschland 1935, 1950 auf Antrag geworden war. Deutschland hatte seine beiden bedeutendsten Dichter des zwanzigsten Jahrhunderts nicht erst in den fünfziger, sondern schon in den dreißiger Jahren verloren.

Ein zweiter Nobelpreis?

Als Thomas Mann 1929 den Nobelpreis für Literatur erhielt, schien diese Auszeichnung nicht nur der vorläufige Höhepunkt der Karriere des Schriftstellers zu sein, sondern auch eine Würdigung der modernen deutschen Literatur. Die in den letzten Jahren veröffentlichten Protokolle der Beratungen des Nobelpreiskomitees werfen nun ein neues Licht auf die Preisvergabe.

Schon Ende der zwanziger Jahre bei der offiziellen Begründung war nicht nur Thomas Mann störend aufgefallen, dass explizit die „Buddenbrooks" als preiswürdig genannt wurden – deren Veröffentlichung immerhin schon dreißig Jahre zurücklag. Der fünf Jahre alte „Zauberberg" wurde nicht nur ignoriert, sondern war in den internen Sitzungen als „unter ästhetischen Gesichtspunkten zu weitschweifig und zu schwerfällig" bezeichnet worden. Dies ist besonders bemerkenswert, weil bereits 1924 Thomas Mann nominiert war und gewichtige Fürsprecher im Komitee hatte.

Man einigte sich damals schließlich darauf, es sei „das Vernünftigste, den in Arbeit befindlichen neuen Roman Manns abzuwarten, bevor man sich auf eine Haltung festlegt". Dieser „neue Roman" war „Der Zauberberg", und es entbehrt nicht einer gewissen Ironie, dass sich 1924 Gerhart Hauptmann, der Preisträger des Jahres 1912, im Komitee so für seinen deutschen Kollegen stark gemacht hatte: Denn im „Zauberberg" tauchte er später höchstselbst auf, nur notdürftig verfremdet, aber für alle Leser erkennbar in der Figur des Mynheer Peeperkorn.

Thomas Mann war gut bekannt mit Hauptmann und hatte dessen „große Persönlichkeit" und exaltiertes Auftreten oft studieren können. Hauptmann fühlte sich grob karikiert und beschwerte sich beim gemeinsamen Verleger Samuel Fischer, Mann entschuldigte sich beim „lieben, großen, verehrten" Hauptmann und bat um Verzeihung, die ihm per Telegramm prompt gewährt wurde: „Fern von allem Groll begrüße ich Sie in alter Herzlichkeit, Gerhart Hauptmann."

1929 wird Thomas Mann erneut für den Literaturnobelpreis vorgeschlagen. Die nun veröffentlichten Protokolle zeigen, dass jetzt neben den „Buddenbrooks" auch die bereits 1903 veröffentlichten Novellen „Tristan" und „Tonio Kröger" zu seinen Gunsten angeführt werden. Das Frühwerk Thomas Manns wird auch als Gegenentwurf zur modernen Literatur der damaligen Zeit ausgezeichnet – mit der literarischen Moderne konnte das Nobelpreiskomitee nichts anfangen –, und dazu zählte seit Erscheinen auch „Der Zauberberg". Thomas Mann ärgerte sich kurz, freute sich aber bald über den immer größer werdenden Ruhm und international explodierende Verkaufszahlen seiner Bücher. Von einem Teil des Preisgeldes (damals umgerechnet 200.000 Reichsmark) baute er sich das Ferienhaus in Nidden und bezahlte die Schulden seiner Kinder Erika und Klaus, den (größeren) Rest „beschlagnahmten" später die Nazis – das geraubte Geld, die Villa in München und sein Vermögen verliert Thomas Mann dann bei seiner Emigration.

Nicht nur die literarische Öffentlichkeit, auch das Nobelpreiskomitee erkannte wohl später die Ignoranz seiner Begründung im Jahre 1929 – und so wird 1948 Thomas Mann tatsächlich erneut für den Literaturnobelpreis nominiert! Das gab es noch nie – und gibt es bis heute nicht, dass eine Person zwei Mal den gleichen Preis gewinnen kann (Ausnahmen sind natürlich John Bardeens Preis 1956 und 1972 für Physik, Frederick Sanger 1958 und 1980 für Chemie und Karl Barry Sharpless 2001 und 2022, ebenfalls für Chemie).

In der Literatur gilt bis heute das Diktum des damaligen Vorsitzenden Anders Österling, dass er „prinzipiell abrate (...), ein und derselben Person" den Preis ein zweites Mal zuzusprechen.

Aber auch diese Regel hätte Thomas Mann beinahe gebrochen.

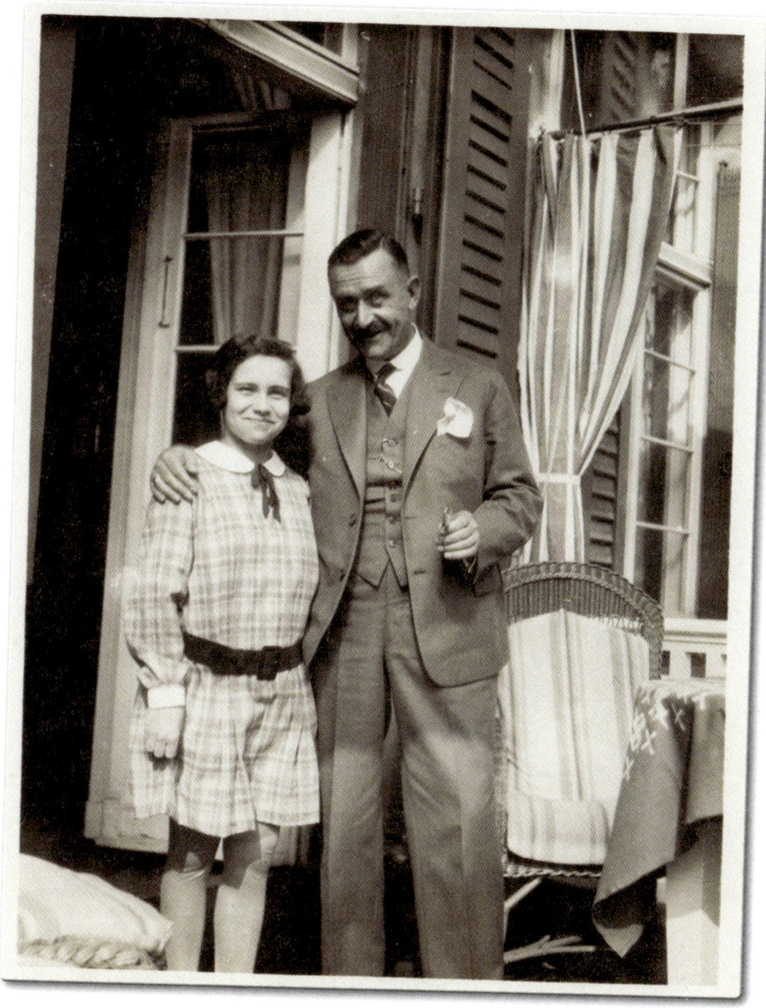

1929 – endlich der Nobelpreis! Thomas Mann freut sich mit Tochter Hilla seines Verlegers Fischer.

Thomas Mann. Eine Zeitreise

1871 Geburt Heinrich Manns am 27. März 1871

1875 Paul Thomas Mann wird am 6. Juni 1875 in Lübeck geboren und am 11. Juli evangelisch-lutherisch getauft.

Thomas' Schwester Julia kommt am 13. August 1877, seine zweite Schwester Carla am 23. September 1881 und sein Bruder Viktor am 12. April 1890 auf die Welt.

1889 Wechsel vom Progymnasium in den realgymnasialen Zweig des Lübecker Katharineums

1894 Schulabschluss mit der Mittleren Reife und der Berechtigung zum einjährig-freiwilligen Militärdienst

Umzug von Lübeck nach München, wohin seine Mutter nach dem Tod des Vaters 1893 mit den übrigen Geschwistern gezogen war

November 1894 Erste Veröffentlichung einer Erzählung Thomas Manns („Gefallen") in der naturalistischen Zeitschrift *Die Gesellschaft*

8. Juli 1895 Abreise nach Rom, um dort seinen Bruder Heinrich zu treffen. Nach seiner Rückkehr im November nach München Mitarbeit an Heinrichs Zeitschrift *Das zwanzigste Jahrhundert*

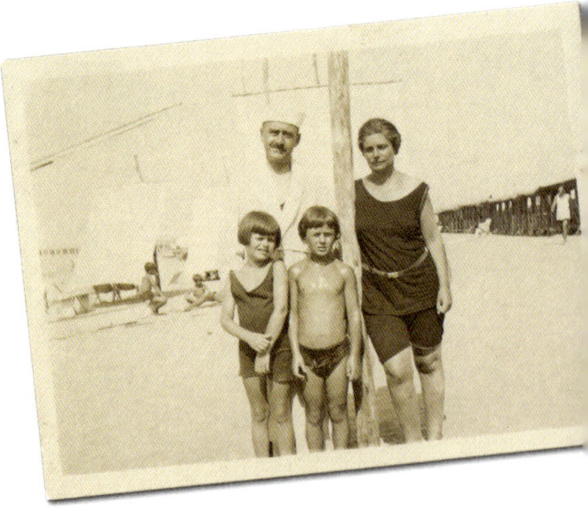

„Der Wille zum Glück" erscheint im *Simplicissimus*.	**08/09 1896**
Die *Neue Rundschau* druckt „Der kleine Herr Friedemann".	**Mai 1897**
Überwiegend in Italien, meistens mit seinem Bruder Heinrich, häufig in Rom und Venedig. Beginn der Arbeit an den „Buddenbrooks"	**12/1896-4/1898**
Im S. Fischer Verlag erscheint sein erstes richtiges Buch, eine Sammlung von Novellen unter dem Titel „Der kleine Herr Friedemann".	**März 1898**
Beginn der Tätigkeit als Redakteur beim *Simplicissimus* in München	**November 1899**
Militärdienst. Thomas Mann verbringt die meiste Zeit im Lazarett, wird dann wegen angeblicher Plattfüße als untauglich entlassen.	**10-12/1900**
Verlagsvertrag mit Samuel Fischer. Die „Buddenbrooks" erscheinen. Nach anfänglich zögerlichem Verkauf sind bis 1905 32.000 Exemplare verkauft.	**1901**
Drittes Buch, „Tristan", sechs Novellen.	**1903**
Persönliches Kennenlernen von Katia Pringsheim, Verlobung im November	**1904**
Heirat mit Katia im Februar	**1905**
Im November Geburt von Tochter Erika, 1906 folgen Klaus, 1909 Golo und 1910 Monika	**1905**
Wichtige Essays („Bilse und ich", „Der alte Fontane") erscheinen.	**Ab 1906**

1909 erscheint der Roman „Königliche Hoheit“, in dem Thomas Mann sein Werben um Katia verarbeitet. Bis 1918 werden 64.000 Exemplare verkauft.

1912 erscheint „Der Tod in Venedig“.

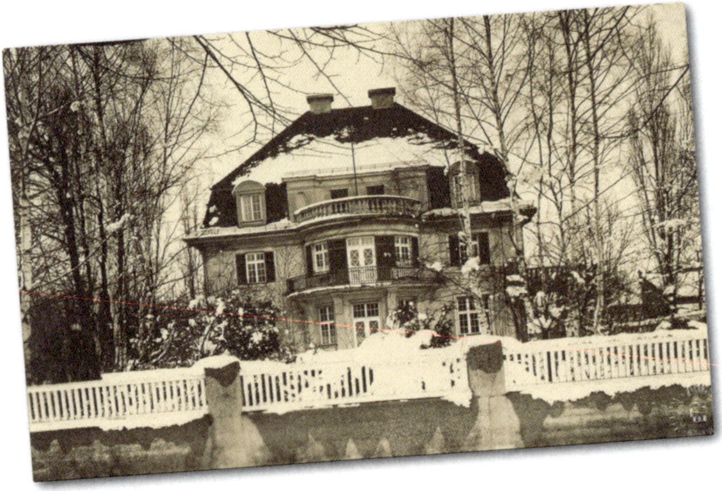

1914 Umzug der Familie Mann in die neugebaute Villa in der Poschinger Straße im Münchner Herzogpark, bis 1933 der Wohnsitz der Familie

Ab Kriegsbeginn Mehrfach gemustert, aber zurückgestellt, unterstützte Thomas Mann den deutschen Feldzug publizistisch.

November 1914 erscheinen die „Gedanken im Kriege“, 1915 „Friedrich und die große Koalition“.

Ende 1914 beginnt das große Zerwürfnis mit seinem Bruder Heinrich. Als Reaktion auf diese tiefe und dramatische Auseinandersetzung mit dem Bruder entstehen die „Betrachtungen eines Unpolitischen“, ein Versuch der Rechtfertigung und Selbstvergewisserung vor sich und dem Bruder, der zum Ende des Krieges im Herbst 1918 erscheint.

Geburt der jüngsten Kinder Elisabeth und Michael — **1918 und 1919**

Im *Vorwärts* erscheint „Für das neue Deutschland". Thomas Mann positioniert sich für die deutsche Republik. — **Januar 1919**

Aussöhnung mit Bruder Heinrich — **Januar 1922**

„Der Zauberberg" erscheint. — **1924**

Nobelpreis für Literatur — **1929**

Adolf Hitler wird zum Reichskanzler ernannt. Thomas und Katja Mann befinden sich gerade auf Lesereise und ziehen von September 1933 bis 1938 in die Schweiz, nach Küsnach. Im Oktober 1933 erscheint der erste Joseph-Roman „Die Geschichten Jaakobs" auch noch in Deutschland. — **1933**

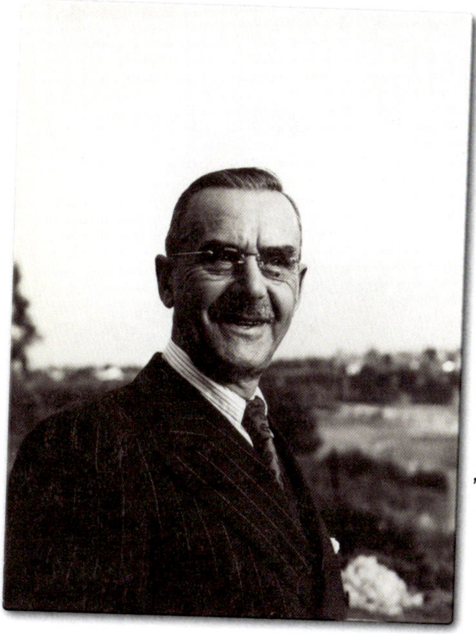

Bekenntnis zum Exil und Ausbürgerung. Thomas Mann wird tschechoslowakischer Staatsbürger. — **1936**

Übersiedelung in die USA, bis März 1941 in Princeton, von 1941 bis 1952 in Pacific Palisades, Kalifornien — **1938**

Der Goethe-Roman „Lotte in Weimar" erscheint im Verlags-Exil in Stockholm. — **1939**

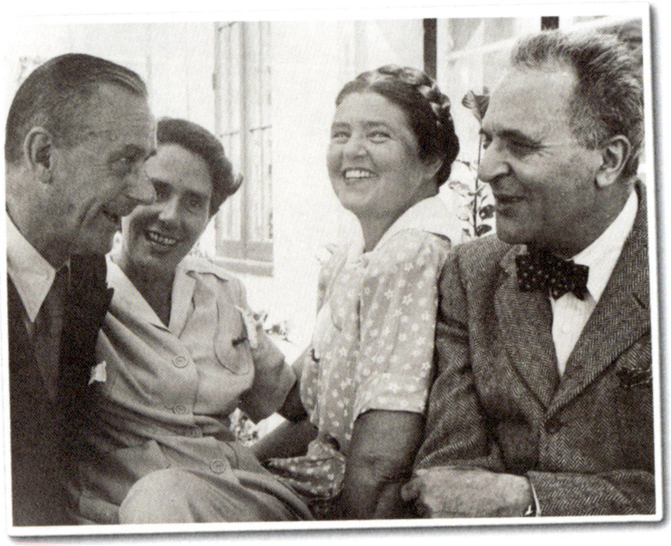

1944 Thomas und Katia Mann werden amerikanische Staatsbürger.

1947 Erscheinen des „Doktor Faustus“, zuerst in Stockholm, dann bei Suhrkamp in Frankfurt/M.

1949 Europareise, Reden zum Goethejahr in Weimar und Frankfurt/M. Am 21. Mai Selbsttötung von Klaus in Cannes.

Ab 1950 Zunehmende Entfremdung von den USA im aufziehenden Kalten Krieg

1952 Dauerhafter Aufenthalt in der Schweiz, ab 1954 im Haus in Kilchberg

1954 Die Fortschreibung der „Bekenntnisse des Hochstaplers Felix Krull“ erscheint und wird sofort ein riesiger Erfolg.

1955 Goldene Hochzeit, 80. Geburtstag, letzte Urlaubsreise in die Niederlande

12. August 1955 Thomas Mann stirbt in Zürich.

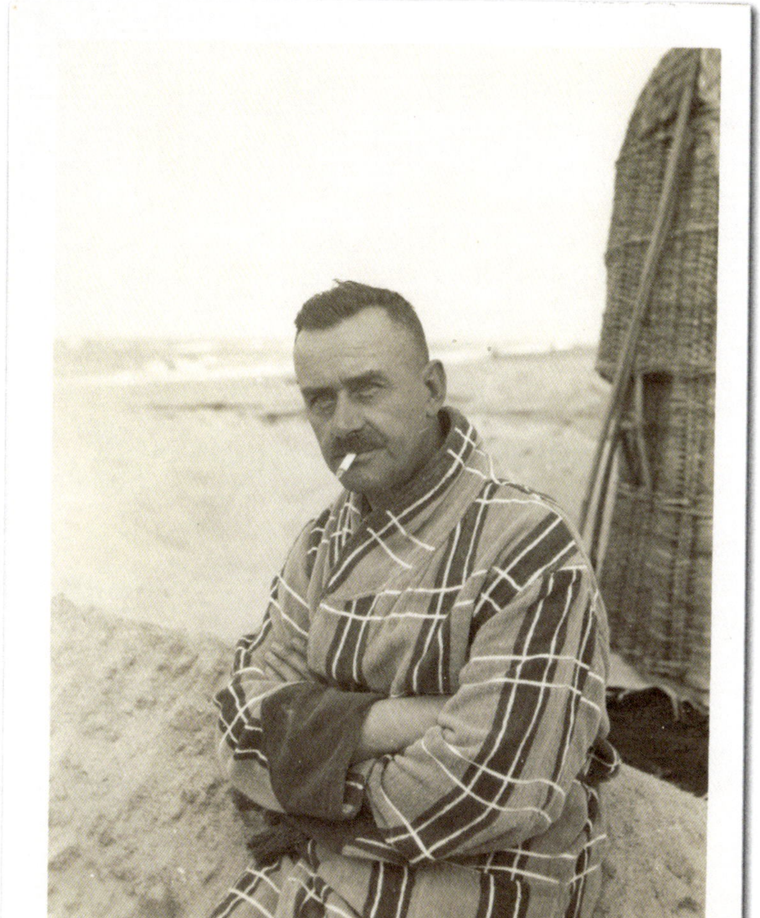

Langsame Heimkehr

Der Streit zwischen Thomas Mann und Vertretern der „Inneren Emigration“ wurde nach der deutschen Niederlage schnell zu einer Auseinandersetzung um die Deutungshoheit der deutschen Zustände und Ursachen und Konsequenzen aus der „Menschheitskatastrophe“ des „Dritten Reiches“.

Thomas Mann hatte den kompletten Zeitraum des Zweiten Weltkriegs in den Vereinigten Staaten verbracht und von dort aus seinen Kampf gegen Hitler geführt. Wegen der gesetzlich vorgeschriebenen Fristen war der ausgebürgerte Nobelpreisträger erst 1944 amerikanischer Staatsbürger geworden. Die später dann „Große Kontroverse“ genannte Auseinandersetzung um Äußere und Innere Emigration zwischen in Deutschland gebliebenen und geflüchteten Künstlern wurde lange Zeit als ein Missverständnis zwischen entfremdeten und dann enttäuschten Schriftstellern gedeutet, bei dem sich die in Deutschland Gebliebenen gelegentlich im Ton vergriffen. Inzwischen hat sich diese Sicht geändert, und so gilt die Kontroverse als Beispiel für die direkt nach Kriegsende begonnene Abwehr der deutschen Mehrheitsgesellschaft gegen „Kollektivschuld“ und persönliche Verantwortung der meisten Deutschen. Aber der Reihe nach:

Im Frühjahr 1945 erschien im amerikanischen *Time Magazine* ein ausführlicher Bericht über die Befreiung Buchenwalds und anderer Lager. Die Bilder von Leichenbergen und detaillierte Augenzeugenberichte schockierten die amerikanische Öffentlichkeit. Thomas Mann schrieb daraufhin den Artikel „Adress to the German People“, der am 12. Mai 1945 erschien, und ließ seine Erschütterung über die beschriebenen Gräuel auch in das 46. Kapitel des „Doktor Faustus“ einfließen. Auch in diesem Artikel schreibt er davon, dass sich „die Menschheit vor Deutschland schaudert“, aber vor allem behält er seine Linie der letzten Jahre bei, dass „die Verantwortung“ für die Verbrechen bei den

Deutschen liege und sie sich dieser auch stellen müssten. Aber die Zeiten in Deutschland waren nicht von Differenzierungen und Nachdenklichkeit geprägt.

Als der Artikel in Deutschland unter dem unautorisierten Titel „Thomas Mann über die deutsche Schuld" erschien, wurde ein Prozess in Gang gesetzt, den Hans Rudolf Vaget mit der Analyse Norbert Freis und „eines bekannten Phänomens der Sozialpsychologie" erklärt: „In moralisch bedrängter Lage", so wird Frei zusammengefasst, „wehrt man sich gegen eine Anschuldigung, die niemand erhoben hat, um sich dem uneingestandenen Wissen um die Verbrechen des Regimes, dem man gedient hatte, nicht stellen zu müssen."

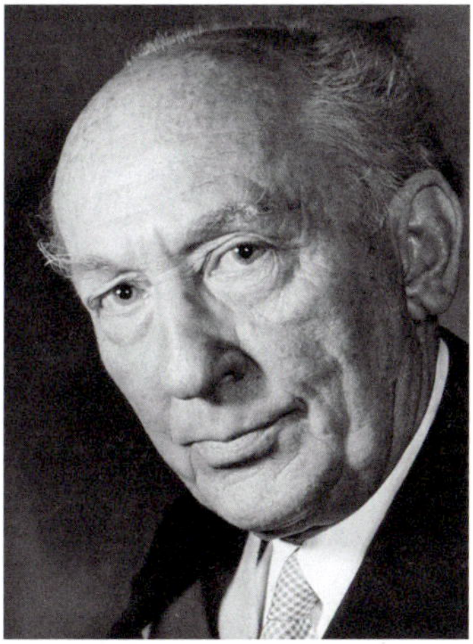

„Diese Leute, die nie den Mund aufgetan hatten und sich nun als die eigentlichen Helden und Märtyrer präsentieren", schreibt Thomas Mann in einem Brief über Frank Thiess.

Nur so lässt sich die Heftigkeit erklären, mit der Teile der deutschen Öffentlichkeit, die sich nun nach Kriegsende zur Inneren Emigration erklärten und ihre teilweise aktive Unterstützung des nationalsozialistischen Regimes verdrängten, sich bald gegen Thomas Mann stellten.

Walter von Molo, ein in Deutschland gebliebener Schriftsteller, hatte im „Dritten Reich" ein eher zurückgezogenes Leben geführt und schrieb nun einen Brief an Thomas Mann, der am 4. August 1945 in der *Hessischen Post* abgedruckt wurde. Auf diese Aufforderung an Thomas Mann, wie ein „guter Arzt" nach Deutschland zurückzukehren, folgte am 18. August der Artikel „Die *Innere* Emigration" von Frank Thiess, einem vor und nach 1945 politisch äußerst ambivalenten Schriftsteller, der Thomas Mann vorwarf, als Emigrant könne er den Deutschen keine Rat-

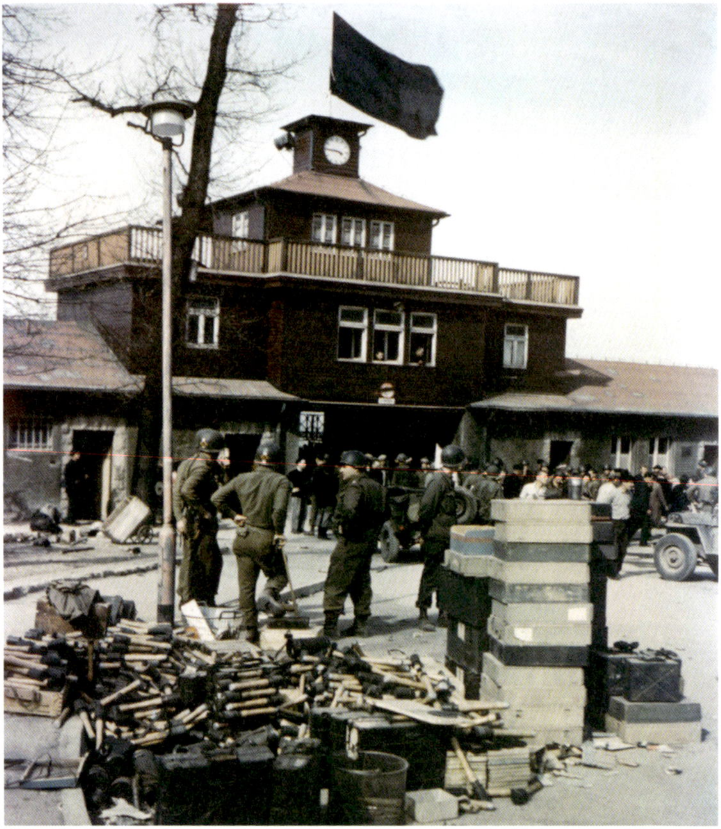

Die amerikanische Öffentlichkeit war nach der Befreiung des KZ Buchenwalds von den Bild- und Filmaufnahmen zutiefst schockiert.

schläge geben, von „den Logen des Auslands der deutschen Tragödie" zuschauend. „Ich glaube, es war schwerer, sich hier seine Persönlichkeit zu bewahren, als von drüben Botschaften an das deutsche Volk zu senden".

Damit war der Ton gesetzt – die Herren in den „Logen des Auslands" hatten nicht nur keine Ahnung, sondern auch kein Recht, den „Wissenden" der Inneren Emigration mit „Schuld" oder „Verantwortung" zu kommen. Es erscheint heute unfassbar, wieviel Bosheit in diesen Vorwürfen steckte, denn während Frank Thiess im Nationalsozialismus „seine Persönlichkeit bewahrte“, starben Millionen in den Lagern und Folterkellern des Regimes. Während breite Teile der deutschen Öffentlichkeit diese Entgleisungen als normalen Debattenbeitrag sahen und ihm wohl auch zustimmten, war Thomas Mann entsetzt und verletzt. Seine Antwort an Walter von Molo war die Schrift „Warum ich nicht nach Deutschland zurückgehe“, die versucht seine Vorbehalte zu erklären und sein Befremden über die Versuche, die „zwölf Jahre und ihre Ergebnisse von der Tafel zu wischen“ ausdrückt. Seine Adressaten sind alle Deutschen, denen er zugesteht, dass er und sie sich in den Jahren fremd geworden seien und „die Verständigung zwischen einem, der den Hexensabbat von außen erlebte, und Euch, die ihr mitgetanzt habt, immerhin schwierig wäre“. 1945 wird Thomas Mann klar, dass er nicht nach Deutschland zurückkehren wird, es nicht kann. Die Verletzungen sind zu groß.

Klaus und Erika haben ihm von ihren Reisen durch das unmittelbare Nachkriegsdeutschland erzählt, Erika war als Berichterstatterin bei einem Teil der Nürnberger Prozesse dabei, Klaus besuchte als amerikanischer Armeeangehöriger das alte Familienhaus in München, in das sich Flüchtlinge einquartiert hatten. Sie erzählten von den von Thomas Mann in seinem Antwortbrief so genannten „deutschen Trümmern – den steinernen und den menschlichen“.

Viele Emigranten kehrten nicht nach Deutschland zurück, und die meisten von denen, die es doch versuchten, plagten Zweifel und Misstrauen. Selbst Bert Brecht, der sich für die sozialistische, also antifaschistische DDR entschieden hatte, dachte in seinen letzten Jahren bei Aufenthalten in seiner Datscha bei Bukow oft darüber nach, dass der Beamte der Volkspolizei, der nun vor ihm salutierte, ihn zehn Jahre vorher wohl seinen Henkern ausgeliefert hätte.

Inzwischen weiß man, dass die „Große Kontroverse“ um Thomas Mann wohl weniger ein Missverständnis war als ein orchestrierter Versuch, die Deutungshoheit über die „zwölf dunklen Jahre“ (wie man damals gerne sagte) zu bekommen. Der ehemalige Presseoffizier der Deutschen Wehrmacht Franz Gottlieb Grosser hatte später freimütig bekannt, Walter von Molo zu seinem Brief an Thomas Mann angeregt und später für dessen Veröffentlichung an den „richtigen“ Stellen gesorgt zu haben. Das war auch deshalb so einfach gewesen, weil das Gefühl des „Wir haben doch nichts gewusst“ und „Wir haben doch so schwer gelitten“ von Anfang an die Fragen nach Schuld und Verantwortung überdeckten. Schließlich glaubte Otto Flake, der vor 1933 doch Mitarbeiter der *Weltbühne* von Kurt Tucholsky war, daran erinnern zu müssen, dass Thomas Mann „juristisch gesehen nicht mehr Deutscher sei“, sondern „amerikanischer Untertan“. Die ausländische Staatsbürgerschaft, einst Hilfe zum Überleben im Exil, war zu einem Ausschlusskriterium geworden, der „Ausschluss aus der Volksgemeinschaft“, so der Nazi-Jargon, wurde dauerhaft.

Außer gelegentlichen Besuchen in (West- und Ost-)Deutschland machte Thomas Mann einen Bogen um sein Geburtsland und zog 1952 in die Schweiz. Frank Thiess, der mit den „Logen des Auslands“, erhielt 1955 das große Bundesverdienstkreuz und wurde Vizepräsident der Deutschen Akademie für Sprache und Dichtung.

Geht es zu weit, den zitierten selbsterklärten Mitgliedern der Inneren Emigration eine zumindest unbewusste Übernahme der nationalsozialistischen Ausbürgerungspolitik und einer imaginierten „undeutschen“ Haltung zu attestieren? Die Vorstellung, dass „die Emigranten“ keine richtigen Deutschen gewesen seien, war noch Jahrzehnte nach Kriegsende vorherrschend. 1961 hatte Franz Josef Strauß über einen anderen Emigranten, den späteren sozialdemokratischen Bundeskanzler, ausgerufen: „Eines wird man doch Herrn Brandt fragen dürfen. Was haben Sie zwölf Jahre lang draußen gemacht? Wir wissen, was wir gemacht haben“.

So war sie, die gute alte Zeit.

Lotte in Weimar

Ein Leben lang beschäftigte Thomas Mann sich mit Goethe, aber erst das Deutschland des „Dritten Reichs" mit seinem Bestreben, Goethe und Schiller zu Nationalsozialisten der ersten Stunde zu machen, ließ ihn in den ersten Jahren der Emigration seinen Goethe-Roman schreiben.

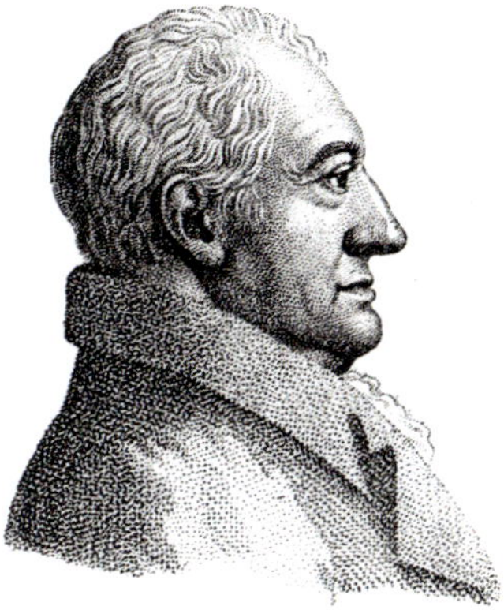

Porträt des Dichters als alter Mann

Schon seit den Jahren vor dem Ersten Weltkrieg beschäftigte ihn der Gedanke an eine Novelle über den Weimarer Dichterfürsten, an eine Groteske über den alten Goethe und seine letzte Liebe Ulrike von Levetzow. 1932 hatte er zum hundertsten Todestag von „Goethe als Repräsentant des bürgerlichen Zeitalters" gesprochen und ihn so in das demokratisch-fortschrittliche Lager geführt. Seine zweite Goethe-Rede dieses Goethejahres beschrieb im Jargon der Neuen Sachlichkeit gar „Goethes Laufbahn als Schriftsteller" – und nicht als Dichter. Als in den folgenden Jahren im Deutschland der nationalsozialistischen Gleichschaltung auch Goethe in den „Führerstaat" eingereiht wird als „übermenschliches Genie des Deutschtums", besinnt sich Thomas Mann auf eine verbürgte Episode aus dem Leben des altgewordenen Weimarers im Jahre 1816.

44 Jahre zuvor hatte Goethe seine „Leiden des jungen Werthers" geschrieben, seinen frühen Sensations- und Welterfolg. Der stark autobiografisch gefärbte Roman spielte auf seine damalige Leidenschaft für Charlotte Buff an, eine unerfüllte Liebe, die schon mit jemand anderem verlobt war. Als nun ältere Dame

Lili Palmer als Lotte (in Weimar), DEFA Film von 1975

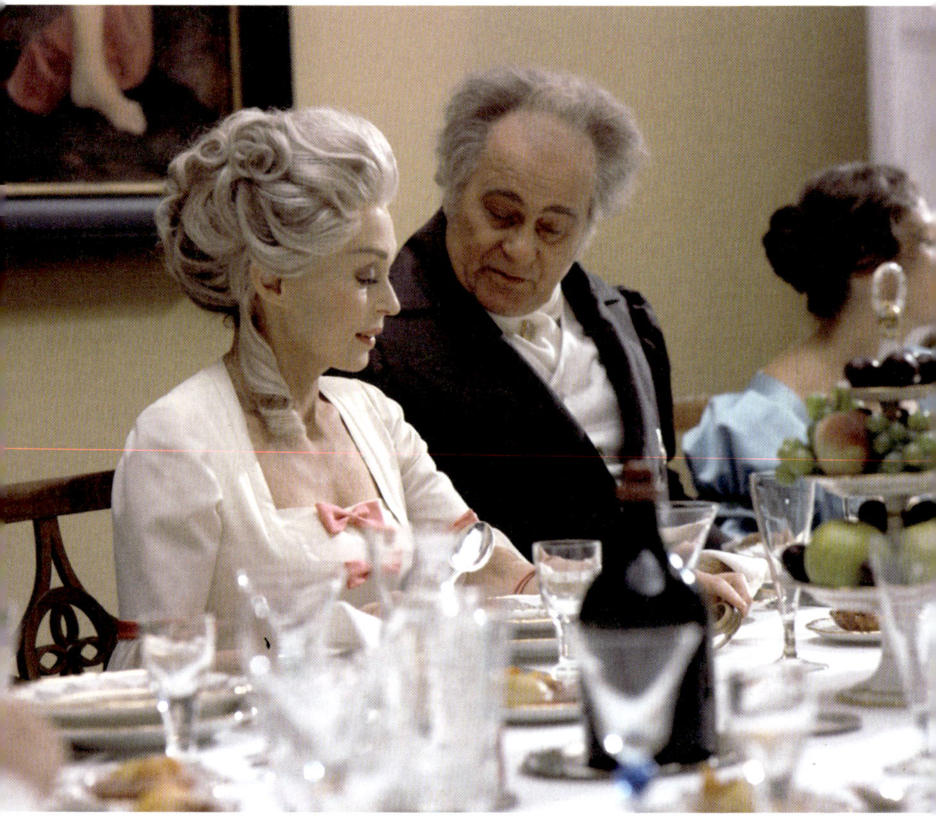

in den Sechzigern und inzwischen verwitwete Kestner reiste sie, so historisch verbürgt, nach Weimar, um mit ihrer Tochter ihre Schwester zu besuchen – in Wirklichkeit aber, so der Roman Thomas Manns, um ihren alten Verehrer zu treffen. Bei dem echten Goethe hatte der Besuch praktisch keinen Eindruck hinterlassen – „Mittags Riedels und Madame Kestner“ – schreibt er in sein Tagebuch, das war's auch schon.

Im Goethejahr 1932 hatte Thomas Mann die damals sehr populäre Schrift des Psychoanalytikers Felix A. Theilhaber „Goethe. Sex und Eros“ gelesen, der aus dieser Randnotiz der Goethe-Biografie die große Enttäuschung Charlottes machte. Bei ihrem

Besuch musste sie feststellen, dass ihr früherer Verehrer sie und vor allem die Umstände ihrer damaligen Begegnung fast vollständig vergessen hatte, sie für ihn völlig unwichtig geworden war.

Thomas Mann hatte in dieser Anekdote sein Modell der Entmythologisierung Goethes gefunden, auf das er Jahre später zurückgreifen sollte, um Goethe wieder zum Menschen, zum „Schriftsteller“ zu machen und so das fehlbare Genie dem „deutschen Übermenschen“ der Nazis entgegenzusetzen. „Lotte in Weimar“ ist ein Blick auf Deutschland aus der Emigration und lässt den Roman-Goethe Sätze sagen, die auch die Ablösung Thomas Manns von Deutschland spiegeln. Berühmt ist „Goethes“ Tischmonolog über Deutschland und die Deutschen:

„Daß sie [die Deutschen] den Reiz der Wahrheit nicht kennen, ist zu beklagen, – daß ihnen Dunst und Rausch und all berserkerisches Unmaß so teuer, ist widerwärtig“. Und noch deutlicher spricht Thomas Mann von sich und seiner Situation im Exil, wenn er Goethe sagen lässt: „Ich hab mein Deutschtum für mich – mag sie mitsamt der boshaften Philisterei, die sie so nennen, der Teufel holen. Sie meinen, sie sind Deutschland, aber ich bins und gings zu Grunde mit Stumpf und Stiel, es dauerte in mir.“

Da spricht aus dem Dichter des Romans der exilierte Nobelpreisträger, der 1938 bei seiner Ankunft in der neuen Heimat Amerika sprach: „Where I am, there is Germany. I carry my German culture in me.“

Und so ist die 1939 erschienene „Lotte in Weimar“ nicht nur der erste vollständig im Exil konzipierte und geschriebene Roman Thomas Manns und Dokument seiner kulturellen und seelischen Neuausrichtung, sondern auch ein gelungener Versuch, Goethe wieder in die Gegenwart zu holen.

Lesenswert bleibt das Buch auch wegen der kunstvollen Konstruktion, in der sich das Goethe-Bild für die in Weimar eintreffende Charlotte neu zusammensetzt. In Gesprächen und Begegnungen mit unterschiedlichsten Personen klärt sich für sie (und den Leser) die Person des Dichters aus unterschiedlichsten

Perspektiven – fast als wolle die Persönlichkeit Goethes nicht durch den Autor festgelegt werden, sondern als solle sich ein jeder selbst ein Bild machen können. Charlottes Illusionen lösen sich auf und sie ist gezwungen, auch eine Neubewertung ihrer eigenen Vergangenheit vorzunehmen.

Die unterschiedlichsten Tonfälle und sprachlichen Besonderheiten der auftretenden Personen gehen über die hochdeutsch-plattdeutsch sprechenden Idiome etwa der „Buddenbrooks“ hinaus – es entsteht nun ein beinahe collagenhafter, moderner literarischer Ton.

Unterhaltsam – und weit weg von der Heroisierung der Nazi-Germanisten – ist der Roman auch wegen der sehr plastischen Schilderungen der Alterserscheinungen des gereiften Paares. Charlotte leidet an einem leichten Zittern des Kopfes und Goethe monologisiert über Erektionsprobleme – wenn auch in diskretem Thomas Mann-Sound: „Brav, Alter! So sollst du, muntrer Greis, dich nicht betrüben“.

Als „demokratische Ironie“ bezeichnet Thomas Mann selbst in seinem Tagebuch seine Sicht auf Goethe und die Umstände des Wiedersehens und beweist seine eigene Größe auch gerade in den Beschreibungen des Alters und seiner typischen Beschwerden, befindet er sich doch selbst in etwa in Goethes damaligem Lebensjahr. Auch die im Roman auftauchende junge Adele Schopenhauer spricht gegenüber der desillusionierten Charlotte nur noch von Goethe als Vertreter der alten (überholten) Generation. Thomas Mann spielt auch diesen Aspekt souverän aus.

„Lotte in Weimar“ bleibt so nicht nur ein Roman als Gegengift zur peinlichen und gefährlichen Selbstüberhöhung des damaligen Deutschlands und seines kulturellen Angebertums, sondern lässt sich auch als selbstironische Reflexion über das Alter und die geschönte Sicht auf die eigene Jugend lesen – Thomas Mann sieht eben nicht nur seine Umgebung und den Zustand der Welt ganz genau, sondern auch sich selbst.

Thomas Manns Staatsbürgerschaften

Zwei Mal musste Thomas Mann die Staatsbürgerschaft wechseln – aus dem deutschen weltberühmten Großschriftsteller wurde 1936 der einzige tschechoslowakische Nobelpreisträger und 1944 schließlich ein Amerikaner, der im Herbst des gleichen Jahres Wahlkampfreden für Roosevelt hielt.

Auch diese Episoden im Leben von Thomas Mann wirken im Nachhinein fast folgerichtig und, der reichlichen Hilfe und Unterstützung wegen, beinahe mühelos. Und doch rettete die angetragene Staatsbürgerschaft der tschechoslowakischen Republik Thomas Mann und seiner Familie die Emigration in die USA und so vielleicht sogar das Leben.

Dieses kleine, sprachlich so heterogene Land nahm nach 1933 eine große Zahl von deutschen Flüchtlingen auf. Prag wurde zum Sitz zahlreicher Auslandsorganisationen deutscher Parteien, da Emigranten nicht per se, wie z.B. in der Schweiz, politische Betätigung verboten war. Ab 1933 hatte Thomas Mann seinen Wohnsitz in der Schweiz genommen und versuchte vergeblich, Schweizer Bürger zu werden – auch wenn die Baseler Fremdenpolizei ihm und seiner Familie sehr entgegenkam.

Sein Bruder Heinrich war bereits im August 1933, seine ältesten Kinder Erika und Klaus im Juni 1935 bzw. im November 1934 ausgebürgert worden. Thomas und Katia und die übrigen Kinder waren in der Schweiz zwar aufgrund einer „Toleranzbewilligung" geduldet – aber ihre Pässe wurden nicht mehr verlängert, und der deutsche Gesandte in Bern forderte ihre Ausweisung. Ende 1935 erreichte ein Brief aus der tschechischen Gemeinde Proseč den „geehrten Meister". Bruder Heinrich war dort vom Stadtrat die „Heimatzuständigkeit zugeteilt" worden – er war nun Bürger der Tschechoslowakei. Der Bürgermeister Prosečs, Rudolf

Fleischmann, hatte nun, nach persönlicher Rücksprache mit dem tschechoslowakischen Präsidenten Beneš dem deutschen Nobelpreisträger ebenfalls die Staatsbürgerschaft angetragen. Im August 1936 besuchte Fleischmann den verehrten „Meister" in seinem Haus in Küsnacht. Im Tagebuch schreibt Thomas Mann vom „heiligen Eifer" des Besuchers und dass „mit Rücksicht auf die Rückgewinnung meiner Habe und auf das Erscheinen des dritten Joseph [Bandes] (...) die Angelegenheit vorläufig diskret behandelt werden" soll. Am 18. September stimmt der Stadtrat von Proseč zu, die Familie Mann wird zu Tschechoslowaken.

Im Februar 1938 brechen Thomas und Katia Mann auf zu einer längeren Vortragsreise in die USA, sie reisen mit ihren tschechoslowakischen Pässen und einem befristeten Besuchervisum ein und nehmen Wohnsitz zuerst in Princeton, dann in Kalifornien. In langen Briefen an den Präsidenten der ČSR, Edvard Beneš, und den ČSR-Botschafter in der Schweiz versicherte Thomas Mann seine große Dankbarkeit und Verbundenheit und versprach, für die nächsten Jahre Bürger der Tschechoslowakei zu bleiben. Aber nach dem „Anschluss" Österreichs im März – auch dessen Staatsbürgerschaft hatte er 1936 erwogen – beschließen die Manns im Frühjahr 1938 Amerikaner zu werden. Da der Antrag im Ausland gestellt werden muss, nutzt man einen Vortrag im kanadischen Toronto, um dort auf dem amerikanischen Konsulat die Einwanderung zu beantragen. Nach fast einem Jahr werden im Januar 1939 die *first papers* ausgestellt. Nach der vorgeschriebenen Wartezeit von fünf Jahren legen Thomas und Katia am 4. Januar 1944 ihre Staatsbürgerprüfung ab. In einem Brief an Agnes E. Meyer, seine amerikanische Förderin, beschreibt er die fast vier Stunden dauernde Prozedur und seine Prüfung, bei der er gehörig improvisieren musste, da er, im Gegensatz zu seiner Frau, nicht gelernt hatte. Aber alle wussten, dass nichts schiefgehen kann – die Dame, die ihm die Prüfung abnahm, ließ sich anschließend ihr Exemplar der „Buddenbrooks" signieren, und auch der Richter, der die Amtshandlung dann vollzog, wollte und bekam sein Autogramm. Thomas Mann war nun Amerikaner und blieb es auch nach seiner endgültigen Rückkehr nach Europa, in die Schweiz.

Der tschechoslowakische Pass war eine willkommene Hilfe auf Reisen und besonders bei der Einreise in die USA gewesen (vor allem seine Kinder waren dringend auf Reisepapiere angewiesen), auch hatte Thomas Mann 1937 seinen neuen „Heimatort" Proseč mitsamt Familie besucht und sich offiziell bedankt – richtig emotional wurde seine Beziehung zur neuen „Heimat" erst mit der Besetzung und Zerschlagung der ČSR durch Hitler und die deutsche Wehrmacht im März 1939. Verbunden gefühlt hatte sich Thomas Mann vor allem „seinem" Präsidenten Beneš, in dessen politischen Schriften er häufig las und mit dem er sich brieflich austauschte. Nachdem die Westmächte seine Republik mit dem Münchener Abkommen im September 1938 verraten hatten, trat Beneš zurück. Thomas Mann sandte ihm aus den USA ein Telegramm: „Kommen Sie in dieses Land, wo man noch Hochherzigkeit kennt und wo man Sie feiern und ehren wird." Und tatsächlich übernahm Beneš 1939 eine Gastprofessur an der University of Chicago, wo die zwei sich am 13. März wiedertrafen – nun zwei Tschechoslowaken im amerikanischen Exil.

Seinen ab 1944, nun als Amerikaner, „neuen" Präsidenten Roosevelt hatte er ebenfalls nicht nur persönlich getroffen, sondern sich von dessen Persönlichkeit und konkreten Politik des *New Deal* sogar literarisch deutlich beeinflussen lassen. Die Wirtschafts- bzw. Kornpolitik im vierten Band des Joseph-Romans ist eine Übertragung des *New Deal* ins alte Ägypten, Thomas Mann hat selbst häufig davon gesprochen. Amerika war tatsächlich zu einem gelobten Land geworden. Mit dem Ende des Krieges und der veränderten politischen Situation im sich verschärfenden Kalten Krieg und der überschießenden Verdächtigungen nach Roosevelts Tod 1945 war die Sehnsucht nicht nach Deutschland, sondern nach Europa wieder da. Die ersten Schweizer Jahre, welche die Familie Mann von 1933 bis 1938 in der Schweiz verbracht hatte und die noch so etwas wie Normalität besaßen, wie den Schulbesuch der jüngeren Kinder, rück-

Monika, Erika,Thomas und Katia Mann
im Garten in Kilchberg am Zürichsee, ca. 1954

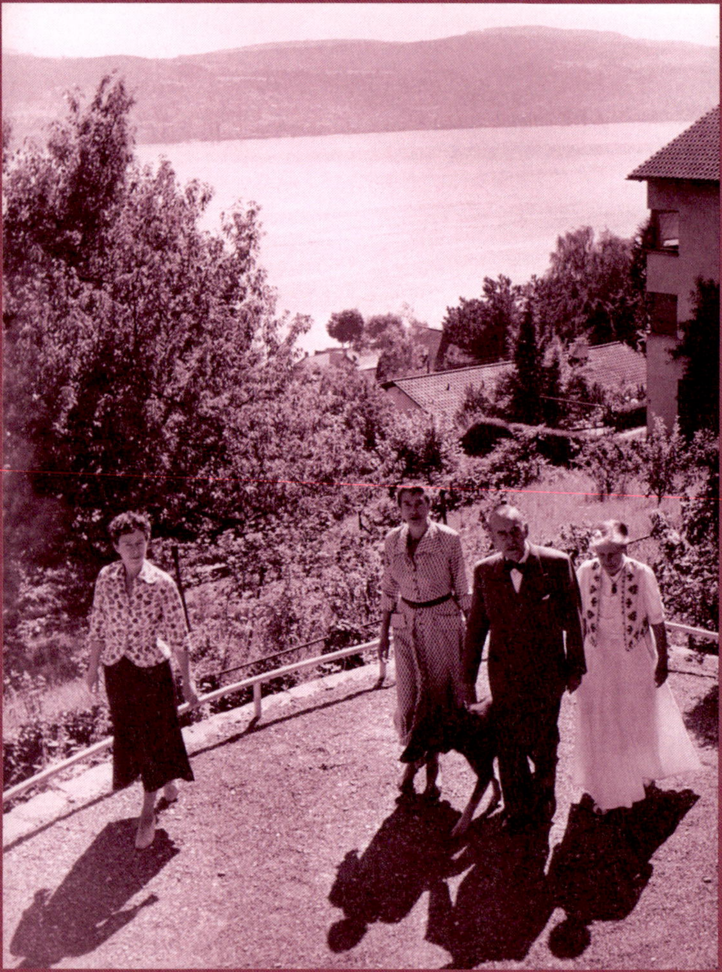

ten für Thomas Mann wieder deutlich in Erinnerung. Die auch moralische (Über-)Identifikation mit Amerika während des gemeinsamen Kampfes gegen Hitler wurde abgelöst durch Irritationen und auch Abscheu gegenüber der neuen Hexenjagd durch die McCarthy-Ausschüsse – auch er selbst und seine Kinder waren in das Visier des fanatischen Kommunistenjägers und des FBI geraten.

Die Korrespondenz mit den höchsten Schweizer Stellen dagegen war sehr erfreulich, steuerliche und finanzielle Fragen wurden gelöst – die Schweiz bemühte sich sehr um den nun amerikanischen Nobelpreisträger. Thomas Mann wollte zurück an den Zürichsee und fand 1954 ein passendes Haus in Kilchberg. Aufenthalts- und Niederlassungsrecht wurden problemlos und mit einem „Es ist uns eine Ehre" gewährt, wie Thomas Mann einem Freund schrieb. Und wie in den dreißiger Jahren bemühte sich Thomas Mann ab 1952 erneut diskret um das Schweizer Bürgerrecht. Höchst erfreut registrierte er, dass zu seinem 80. Geburtstag von höchsten Stellen erwogen wurde, die notwendige Aufenthaltsfrist von 12 Jahren abzukürzen und für ihn eine Ausnahme zu machen. Allein – die Zeit reichte nicht mehr. Als Thomas Mann zwei Monate nach seinem Geburtstag in der Schweiz starb, war der Vorgang noch nicht abgeschlossen. Seine Frau Katia erhielt erst 1962 – nach regulärer Wartefrist – die Schweizer Staatsbürgerschaft, Sohn Golo folgte 1968. Auf dem Friedhof in Kilchberg liegen (bis auf Klaus) neben den Eltern auch die Kinder. Sie starben als Britin (Erika), Kanadierin (Elisabeth), Amerikaner (Michael) und Deutsche (Monika, die als einziges der Kinder 1958 wieder die deutsche Staatsbürgerschaft angenommen hatte). Sie alle waren als Deutsche geboren und durch den deutschen Wahnsinn dann über die Welt verteilt worden.

Betrachtungen eines (Un)politischen?

Wenn es ein Buch von Thomas Mann gibt, das Sie, liebe Freunde, wahrscheinlich niemals lesen werden – und welches schon beim flüchtigen Durchblättern gelinde Panik in Ihnen auslösen wird –, dann sind es die 1918 erschienenen „Betrachtungen eines Unpolitischen".

Kurz nach Erscheinen befand Thomas Mann Otto Zarek gegenüber, „daß man dieses Buch mißverstehen muß. Selbst engste Freunde sagten mir, Sie fänden es nationalistisch. Aber ich hatte einen ganz anderen Sinn gewollt". Nur welchen? Formal sind die „Betrachtungen" eine Zitier-Orgie – rund 4000 (!) Zitate auf etwa 600 Seiten der Erstausgabe, der originäre Thomas Mann fällt hinter die fremden Zitate und Ansichten zurück. Wohlmeinende (und kenntnisreiche) Germanisten und Thomas-Mann-Forscher deuten dieses Verfahren als quasi-demokratisches Montage-Verfahren, das so möglichst viele Seiten und Ansichten zu Wort kommen lässt und so schon formal den eigenen – reaktionären – Meinungen Thomas Manns widerspricht. Der während des Ersten Weltkriegs immer isoliertere Schriftsteller – der Großteil seines Freundeskreises stand der offiziellen Kriegsrhetorik eher skeptisch gegenüber, während die unbedingten Hurra-Patrioten ihn zumeist abstießen – hätte, so seine heutigen Exegeten, eine Art schriftliches Zwiegespräch geführt – auch hier sei wieder einmal der Text (also die Kunst) klüger als der Autor (also der Künstler) gewesen.

Thomas Mann hatte also die Arbeit am „Zauberberg" unterbrochen, um sich der „deutschen Sache" anzudienen. Vom aktiven Militärdienst (zu seiner großen Erleichterung) ausgemustert, ließ er sich von der allgemeinen Kriegsbegeisterung mitreißen. Ob er einmal Teil einer großen Sache sein wollte, einmal aufgehen wollte in einem nationalen Gefühl, einmal nicht daneben

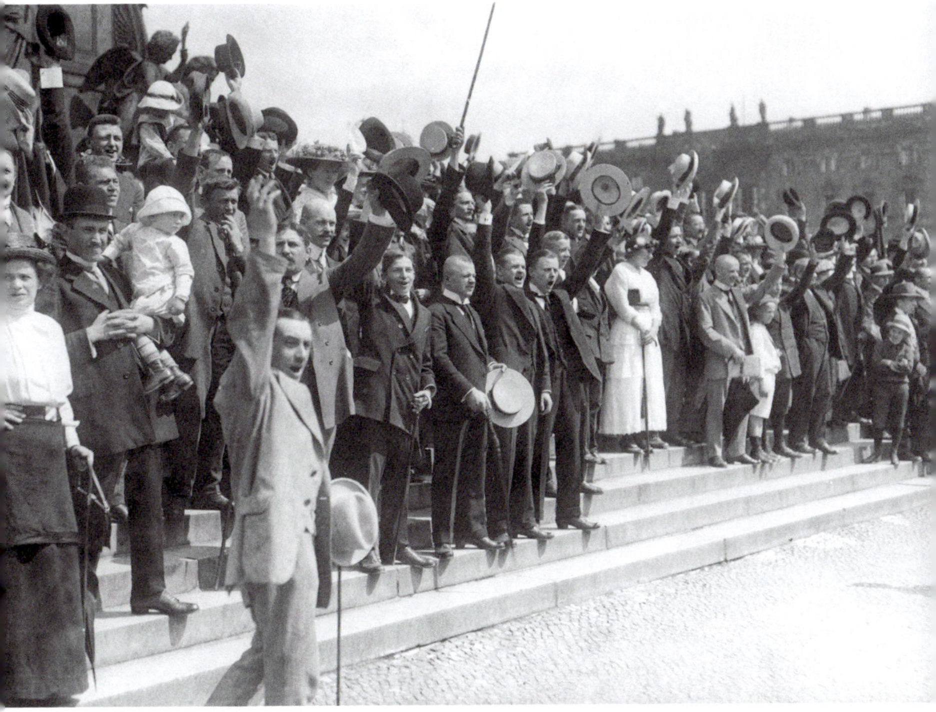

Die Hurra-Stimmung bei Kriegsausbruch 1914 erfasste auch Thomas Mann.

stehend, sondern mittendrin? Seine Tochter Erika hat es 1956 so ähnlich beschrieben, in ihrem Vorwort zu ersten Neuausgabe nach über 30 Jahren: „Einmal dazugehören! Einmal doch – wenn auch auf persönlichste Art – teilhaben dürfen an den Wonnen der Gewöhnlichkeit!“ Er selbst beschreibt das Werden der „Bekenntnisse“ später als „Verteidigung romantischer Bürgerlichkeit“, als „lange Erkundung der konservativ-nationalen Sphäre“ – „Kaum war es 1918 fertig, so löste ich mich von ihm.“

Und tatsächlich bekannte Thomas Mann sich nur vier Jahre später in „Von deutscher Republik“ nicht nur beinahe vorbehaltlos zur parlamentarischen Demokratie in Deutschland, sondern sprach ihr auch geistesgeschichtlich die Aufgabe zu, das nationale romantische Trauma des 19. Jahrhunderts zu überwinden in einer neuen, modernen Vereinigung von Volk und Staat.

Kleiner machte er es nicht – und damit konnten auch seine „Betrachtungen eines Unpolitischen" weiter bestehen. Er hatte während der Kriegsjahre stellvertretend für Deutschland und das „Deutschtum" mit sich gerungen – so sah er es wohl. Dass die „Bekenntnisse" in konservativ-bürgerlichen Kreisen überwiegend auf wohlwollendes Unverständnis stießen, ebenso wie sein Bekenntnis zur Demokratie vier Jahre später im progressiven Milieu, platzierte Thomas Mann dann wieder in der Position des Abstand haltenden Beobachters. 1922 brachte nicht nur die Aussöhnung mit Bruder Heinrich, dieser hatte sich während des Krieges auf die Seite der „französischen" Demokratie geschlagen, am 24. Juni wurde auch der mit Thomas Mann gut bekannte deutsche Außenminister Walther Rathenau von Rechtsradikalen ermordet. Die Zeiten waren nicht mehr „unpolitisch" möglich – das Attentat hatte ihm dies endgültig klargemacht.

Schon als Amerikaner erklärte Thomas Mann noch 1945 bei einem Vortrag in Washington, dass „es nicht zwei Deutschlands gibt, ein böses und ein gutes, sondern nur eines" und resümierte, „ich habe es auch in mir, ich habe es alles am eigenen Leibe erfahren". Es ist immer ein Problem, Künstlern die Interpretationshoheit über ihre eigenen Werke zu überlassen, aber im Falle der „Bekenntnisse" ist es einen Gedanken wert. Es sind viele Stellen, Gedanken und Interpretationen in dem Buch erhellend und bedenkenswert – eine bürgerliche Verortung der Kriegsjahre bleibt es allemal. Vieles ist nach über 100 Jahren aber auch kaum noch zu verstehen – die zitierten Personen und Positionen kaum noch bekannt und irrelevant geworden. „Das Monstrum", wie Thomas Mann sein Buch noch während des Schreibens selbst nannte, ist aber kein stock-reaktionäres Pamphlet oder gar eine Leitschrift der Konservativen Revolution – Thomas Mann blieb schließlich keine Zeile seiner schriftstellerischen Existenz unter seinem Niveau. Gehen Sie einfach davon aus, dass auch die Gegner Thomas Manns dieses Buch nie gelesen haben.

Joseph, der Amerikaner

Der höchste, schönste und bedeutendste Gipfel des Werkes von Thomas Mann ist für viele nicht „Der Zauberberg", sondern die Roman-Tetralogie „Joseph und seine Brüder": nicht nur das umfangreichste Buch Thomas Manns, sondern auch ein Werk, das ihn von München über die ersten Jahre in der Schweiz bis in das kalifornische Exil begleitete.

Der erste Band „Die Geschichte Jaakobs" erschien 1933, der zweite „Der junge Joseph" schon 1934, der dritte Band „Joseph in Ägypten" dann 1936 und der vierte Band „Joseph, der Ernährer" erst 1943. Thomas Mann macht aus der kleinen Geschichte des Alten Testaments eine Story des Bruderzwistes und der Eifersüchteleien zwischen den Söhnen des Jaakobs aus Kanaan. Im zweiten Band eskaliert der Streit zwischen den Brüdern – die älteren Brüder verprügeln Joseph schließlich und verkaufen ihn als Sklaven nach Ägypten. „Joseph in Ägypten" beschreibt dann den Aufstieg Josephs am Hof des Pharaos – durch sein blendendes Aussehen wird er bald zum Sehnsuchtsobjekt nicht nur der Frau des Groß-Eunuchen, die ihn schließlich fälschlicherweise des sexuellen Übergriffs beschuldigt. Der Schlussband „Joseph, der Ernährer" entsteht vollständig in Kalifornien und ist maßgeblich von der New Deal-Politik des von Thomas Mann so bewunderten Präsidenten Roosevelt beeinflusst: Joseph interpretiert dem ägyptischen Pharao dessen Traum von den sieben fetten und mageren Kühen und den vollen und leeren Kornähren und organisiert, mit dem Vertrauen und der Zuneigung des Pharaos ausgestattet, die Wirtschaft Ägyptens neu. Als dessen Stellvertreter führt er durch geschickte Vorratshaltung und Neuverteilungen das Volk durch diverse Hungersnöte. Als auch die Brüder Josephs, die ihn damals verstoßen hatten, nach Ägypten kommen, um Getreide zu kaufen, gibt sich Joseph zu erkennen – und verzeiht ihnen.

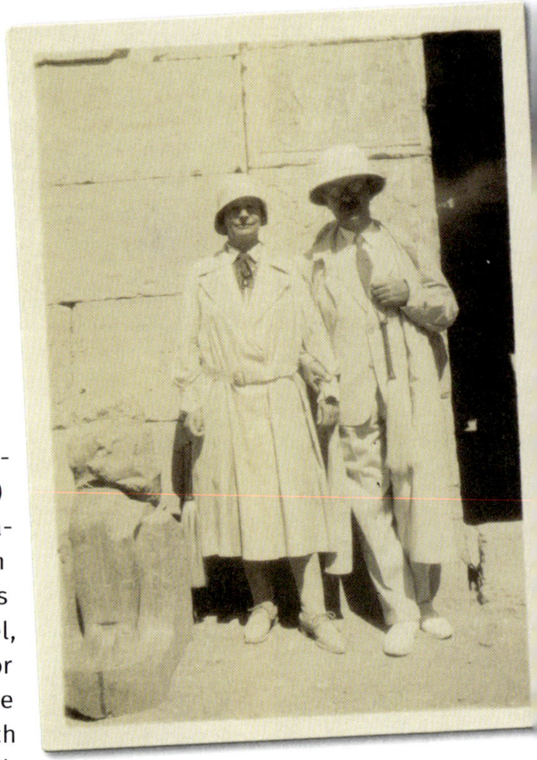

Thomas und Katia Mann vor dem Tempel von Deir el Medineh

Man muss kein (biblischer) Prophet sein, um zu mutmaßen, dass die Joseph-Romane nicht zu den meistgelesenen Thomas-Mann-Romanen gehören. Gut 1800 Seiten in vier Bänden – da ist eine Menge Lebenszeit zu investieren. Und die ersten 50 Seiten („Vorspiel“) des ersten Romans tragen nicht umsonst den Titel „Höllenfahrt“ – es sind die einzigen Kapitel, die ohne Ironie und Humor auskommen. (Wenn Sie die „Höllenfahrt“ einfach grob überfliegen und sich davon nicht abschrecken lassen – ich werde Sie nicht verraten!) Es ist wirklich erstaunlich: Nach dem „Zauberberg“, der praktisch ohne Handlung auskommt (und dabei doch so spannend ist!) bieten die Joseph-Romane überbordende Handlung: fremde Länder, Familienstreitigkeiten, Sex und Gewalt in einem Maß wie in keinem anderen Roman Thomas Manns. Die dünne biblische Vorlage bot ihm alle Freiheiten des Erzählens, und so rückte im Verlauf des Romans die Situation des Exils – „Joseph in Ägypten“ – in den Vordergrund und bot gerade im letzten Teil „Joseph, der Ernährer“ den Raum für Reflexionen über die Situation des Fremden, des Neuankommens und konkret über wirtschaftliche Lösungen für die große Krise. Die engen Bezüge zu den Wirtschaftsreformen des New Deal waren für die amerikanischen

Leser und Kritiker sofort und deutlich erkennbar: „Joseph, der Amerikaner“ nennen noch heute manche Thomas-Mann-Exegeten diesen Roman liebevoll.

Die Sachkunde über das Alte Ägypten, die sich Thomas Mann im Laufe der Recherchen aneignete, wird bis heute überaus unterschiedlich eingeschätzt. Von „stupenden Kenntnissen in allen Bereichen“ bis zur Unterstellung, alles aus wenigen (veralteten) Schulbüchern übernommen zu haben, ist alles dabei. Aber auch dieses breite Meinungsbild spricht für ihn: Thomas Mann hatte die Gabe, schnell zu erkennen, welche Informationen er auf seinem Weg benötigte. Er arbeitete Zeit seines Lebens gerne ungewöhnliche Details in seine Geschichten ein, die die Illusion erzeugten, aus einem gewaltigen Wissensfundus zu

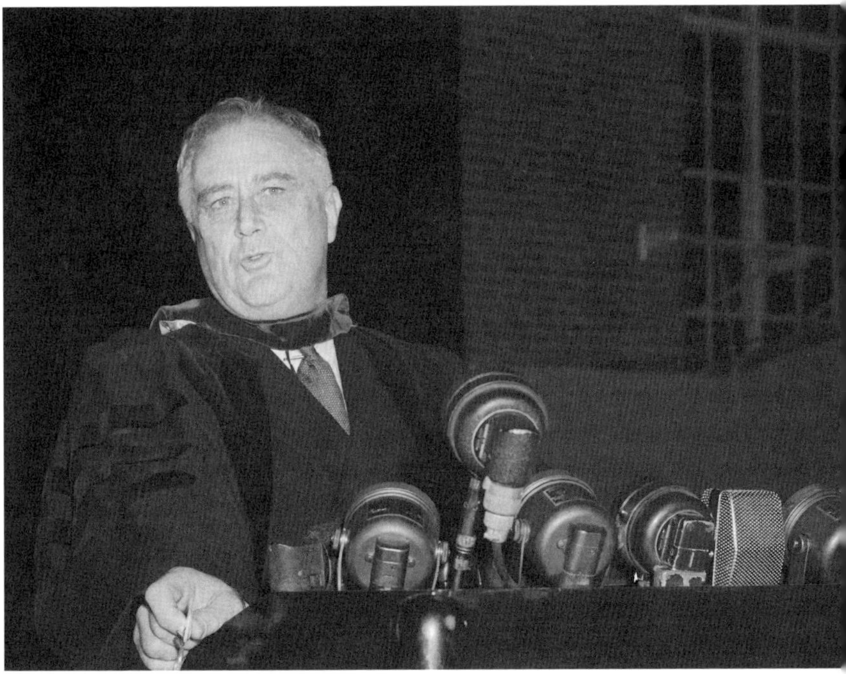

Der amerikanische Präsident Franklin D. Roosevelt war das bewunderte Vorbild für „Joseph, der Ernährer“.

schöpfen, und er hatte keine Bedenken, echte Experten ausführlich zu befragen.

Sein Grundwissen schöpfte er oft aus etwas abseitigen Quellen – erste Inspiration für das Alte Ägypten bot Thomas Mann etwa ein Buch aus seiner frühen Jugendzeit: „Das alte Wunderland der Pyramiden" von Karl Oppel aus der „Illustrierten Jugend- und Hausbibliothek" (eine Art „WAS IST WAS" des 19. Jahrhunderts); er besaß und benutzte es noch bei der Recherche.

Im März 1925 unternimmt Thomas Mann eine dreiwöchige Mittelmeerkreuzfahrt, die ihn auch für ein paar Tage nach Kairo führt. In Tagesausflügen besucht er das Tal der Könige, die Pyramiden und Luxor. „Ich habe nicht viel gesehen", schreibt er in einem Brief, und so geht es 1930, die Arbeiten am ersten Band „Die Geschichte Jaakobs" sind zu diesem Zeitpunkt schon fast abgeschlossen, auf eine längere „Inspektionsreise" für fast zwei Monate nach Ägypten und Palästina.

Landschaftliche und klimatische Inspiration holte sich Thomas Mann in seiner kalifornischen Zeit dann auch in seiner häuslichen Umgebung – der blaue kalifornische Himmel und die Wüstenlandschaften inspirierten ihn beim Verfassen des letzten Joseph-Romans. Es ist viel Gegenwärtiges und auch viel vom vertrauten Personal im Alten Ägypten: Der gewinnende und bildschöne Joseph in seinen erlesenen Gewändern erinnert oft an Felix Krull, auch in seiner erotischen Anziehungskraft gegenüber älteren Herren und Frauen.

Verehrte Leserin, verehrter Leser – die Joseph-Tetralogie sollte vielleicht nicht der erste Thomas-Mann-Roman sein, mit dem Sie sich beschäftigen, aber auch nicht der letzte: Beim Erscheinen lagen teilweise einige Jahre zwischen den Teilbänden. Sie müssen die vier Etappen also auch nicht ohne Unterbrechung angehen.

Fascismo in Italia

„Mario und der Zauberer" ist wahrscheinlich die Novelle von Thomas Mann, die neben „Der Tod in Venedig" die meisten Menschen gelesen haben. Lehrer lieben diese 1930 erschienene Erzählung – zum einen, weil sie nicht so umfangreich ist und ihre Schüler sie deshalb vielleicht doch lesen, zum anderen, weil sich ihre Interpretation so mühelos anbietet.

Und tatsächlich ist dieses „tragische Reiseerlebnis", so der Untertitel, der ideale (Wieder-)Einstieg in die Literatur des damals bei der Veröffentlichung frischgebackenen Nobelpreisträgers. Es ist alles da: ein fremdländischer, aber wohlbekannter Ort an der Mittelmeerküste, Sommer, Turbulenzen, Tempo und ein Knall zum Schluss. Ein meteorologisch und geistig angespanntes Klima im italienischen Sommer, eine deutsche Familie – und als Höhepunkt der abendliche Besuch einer Vorstellung des Zauberers Cipolla, der den Kellner Mario unter Hypnose dazu bringt, in ihm seine Angebetete Silvestra zu sehen und ihn zu küssen. Das Publikum gerät im Laufe der Vorstellung unter den Einfluss des Verführers und folgt dieser Demütigung ohne einzugreifen. Mario erwacht aus der Hypnose und erschießt den Zauberer.

Auslöser der Novelle ist ein tatsächliches Erlebnis der Familie Mann im Sommer 1926 im Badeurlaub in Forte dei Marmi. Was damals passiert ist, schrieb Thomas Mann noch von Italien aus an Hugo von Hofmannsthal: Der ganze Aufenthalt sei überschattet gewesen von „kleinen Widerwärtigkeiten (...), die mit dem derzeitigen unerfreulichen überspannten und fremdenfeindlichen nationalen Gemütszustand zusammenhingen". Als die kleine Elisabeth ohne Badeanzug ein paar Meter zum Meer lief, kam es zum Eklat. Im Frühjahr 1927 erklärte Thomas Mann in einem Brief an den „Kollegen und Kameraden" Enzo Ferrieri, „weshalb ich Ihr schönes Vaterland vorläufig lieber meide. So sonderbar es klingen mag, es sind politische Gründe". Er schildert den Vorfall mit seiner Tochter und dass ein „erregter Herr" dies für eine „Beleidigung Italiens" erklärte, die Behörden dies ebenfalls für „una cosa molto grave" hielten und die Familie zu einer Strafzahlung verdonnerten. „Ich finde, es ist in Italien niemals so unmoralisch zugegangen, dass ein solcher Rückschlag moralischer Rigorosität begreiflich wäre". Der ganze Aufenthalt sei von solchen Unfreundlichkeiten überschattet gewesen, „und ich konnte nicht umhin, sie mit jener Hypertrophie des nationalen Anspruchs in Beziehung zu bringen, die dem Fascismus menschlich eigentümlich zu sein schein."

Mit dem „Marsch auf Rom" war 1922 Mussolini in Italien an die Macht gekommen – das Ergebnis waren die von Thomas Mann so genannten „nationalen Gemütszustände". Die politischen Verhältnisse in Deutschland waren zu diesem Zeitpunkt noch relativ stabil – die Weltwirtschaftskrise war noch fern, es waren die „goldenen Jahre" der Weimarer Republik. Seit frühester Jugend hatte Thomas Mann eigentlich immer mindestens ein paar Wochen im Jahr in Italien verbracht – er kannte das Land sehr gut und spürte die mentalen Veränderungen und wie sich das „geistige Klima" verschlechterte unter dem „blähenden Einfluß des Duce" , wie er in seinem Brief an von Hofmannsthal schrieb.

Thomas Mann selbst hatte sich bald nach Kriegsende von seinen eigenen „Betrachtungen eines Unpolitischen" befreit. Dieser eigene reaktionäre Versuch, das „Deutschtum" zu ergründen und zu beschreiben, hatten ihm gezeigt, dass er und allgemein das Künstlertum wie er es verstand, zu komplex waren, um in dieses einfache nationale Schema zu passen. Das theoretische und mystische Geraune während des Krieges war gerade in München während der revolutionären Umtriebe Ende 1918 in brutale Gewalt vor allem von Seiten der rechts-nationalistischen Freikorps umgeschlagen. Und so hatte Thomas Mann theoretisch und praktisch seine Konsequenzen gezogen: Mit der Rede „Von deutscher Republik" bekannte er sich 1922 zum parlamentarisch-demokratischen System der Weimarer Republik.

Sein in den Briefen beschriebenes Entsetzen über die neuen Verhältnisse in Italien zeigen auch die politischen Sensibilitäten eines nun überzeugten westlichen Demokraten. 1928 beschreibt er den italienischen Faschismus als „prahlerische Ausschweifung kindisch nationalistischer Selbstvergottung“ mit

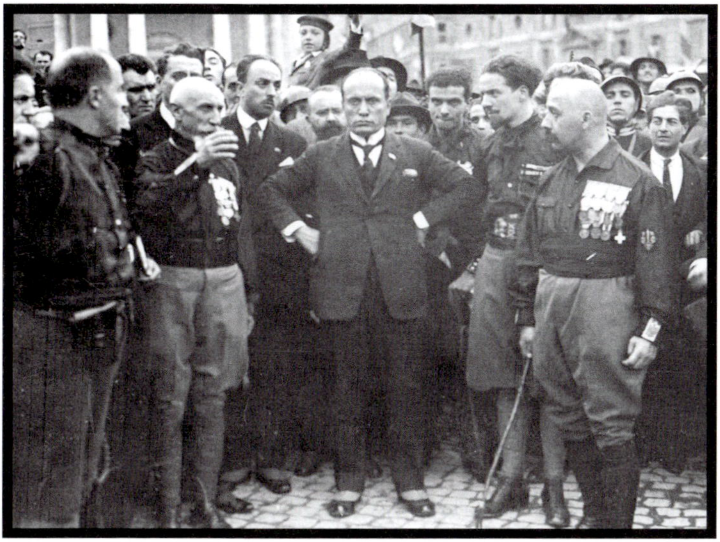

Der Erfinder des italienischen Faschismus: Mussolini ergreift 1922 die Macht.

„all dieser Gewaltsamkeit, dieser Selbstbeweihräucherung und Eisenfresserei“. Thomas Mann spürte also sehr genau, was dann ab 1929 auch in Deutschland in der Luft lag, die Erlebnisse in Italien hatten ihn gewarnt. Er hat selbst ausführlich beschrieben, wie er drei Jahre nach den Ereignissen am italienischen Meer an einem anderen Strand, dem ostpreußischen Rauschen, begann „Mario und der Zauberer“ zu schreiben. In diesem Sommer 1929 arbeitete er ganz gegen seine bisherigen Gewohnheiten unter freiem Himmel am Meer. Drei Jahre nach den italienischen Ereignissen war in diesem Sommer noch nichts zu ahnen von dem Ausbruch der Weltwirtschaftskrise im Oktober, aber Thomas Mann spürte bereits eine deutliche Veränderung des gesellschaftlichen Klimas.

Die umfangreichen Materialien für den begonnenen „Joseph“-Roman und das umfangreiche Manuskript waren auf dem Münchner Schreibtisch geblieben, und so schrieb er „Mario und der Zauberer“ zu großen Teilen „auf den Knien kritzelnd“, wie er selbst in „Lebensabriß“ beschreibt. Wie so oft war ein zurückliegendes Ereignis nun „reif“ geworden. Die damals in Italien beobachteten „Nervositäten“ spürte er nun auch in Deutschland – die Duplizität der Strandsituation mag ihn auch amüsiert haben. Ohne Ironie geht wenig bei Thomas Mann.

Als im April 1930 „Mario und der Zauberer“ erschien, hatte Thomas Mann einige Monate vorher den Nobelpreis für Literatur erhalten – die Novelle war also die erste größere literarische Veröffentlichung des nun besonders im Fokus stehenden Künstlers. Und die meisten Rezensenten sahen sowohl die beinahe makellose Form und Sprache der Erzählung als auch die politische Dimension der Geschichte. Bei der Reichstagswahl im September 1930 war Hitlers NSDAP von einer unbedeutenden Splitterpartei zur zweitstärksten Fraktion im deutschen Reichstag geworden. Thomas Mann setzte sein ganzes Renommee als frischgebackener Nobelpreisträger ein und hielt im Oktober in Berlin eine große, berühmt gewordene „Deutsche Ansprache“, einen „dringenden Appell an die Vernunft“ und einen Aufruf an das deutsche Bürgertum, die SPD und damit die Republik zu unterstützen.

„Mario und der Zauberer“ war sofort ein großer Verkaufserfolg, auch weil die bürgerliche Literaturkritik ausnahmslos begeistert war: ein „kaum erreichbares Musterbeispiel von dichterischer Psychologie“ für Stephan Ehrenzweig im *Tagebuch*, „eine neue Gipfelung seiner formalen Kunst“ für Alfred Kantorowics in *Die literarische Welt* oder gar „die beste deutsche Novelle“ für Heinz Stroh in der *Börsen-Zeitung*. Naturgemäß völlig gegensätzlich blieb die Kritik der nationalsozialistischen Presse: Die von

Will Vesper herausgegebene *Die schöne Literatur* schrieb von „feuilletonistisch aufgezäumter Sprachverderbnis" und dass „die Kunst zum Werkzeug der Politik prostituiert" worden sei.

Auch wenn Thomas Mann als Nobelpreisträger nun bei Erscheinen seiner Novelle nicht vordergründig politisch gelesen werden wollte – er wollte die Interpretation nicht zu sehr einengen –, erklärte er später im Exil dem amerikanischen Germanisten Henry Hatfield, sie sei „wohl eine erste Kampfhandlung gewesen, gegen das, was damals schon die europäische Gesamtatmosphäre erfüllte". Und an anderer Stelle: „Als ich sie schrieb, glaubte ich nicht, daß Cipolla in Deutschland möglich sei. Es war eine patriotische Überschätzung meiner Nation".

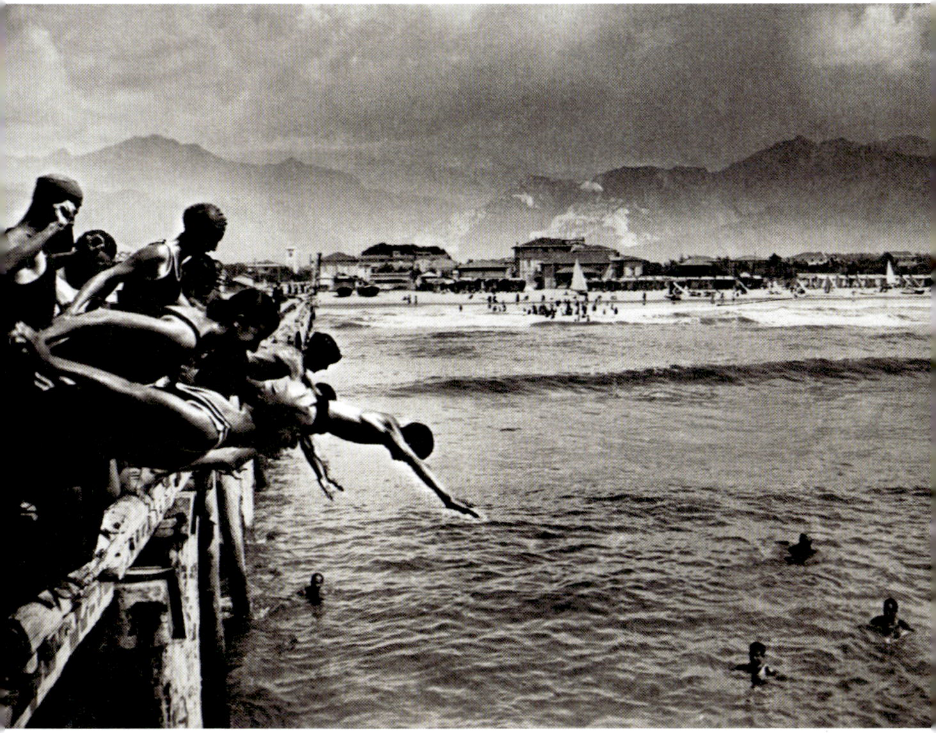

Strandszene in Forte dei Marmi Anfang der zwanziger Jahre

Die Psychologie des Faschismus und des Massenwahns, die Thomas Mann in dieser Erzählung versucht, ist nicht nur eine Sommergeschichte der späten zwanziger Jahre, sondern eben auch ein beindruckendes Panorama der politischen Hysterie, der Unvernunft und der Niedertracht, das in die Katastrophe führen muss. Schon bei Durchsicht der Druckfahnen schrieb Thomas Mann seiner italienischen Übersetzerin Lavina Mazzucchetti, „ich wollte, ich könnte Ihnen ‚Mario und der Zauberer' zur Übersetzung anbieten", aber ihm sei klar, dass „die Geschichte für Italien wirklich ganz unmöglich ist". 1945, nach Ende des Faschismus in Italien, erschienen dort sofort zwei unterschiedliche Übersetzungen – Thomas Mann war zum Gegenstand und Mittel der Vergangenheitsbewältigung geworden. Um den Vorwurf der Italienfeindlichkeit der Novelle und Thomas Manns zu entkräften, der während der Zeit des Faschismus wiederholt aufkam und auch mit „Mario und der Zauberer" begründet wurde, ließ Mazzucchetti in einem Artikel die handschriftliche Widmung Thomas Manns in ihrem Exemplar reproduzieren, das er ihr damals zugeschickt hatte:

„Es lebe Italien!
München, 4.5.1930, Thomas Mann"

Buddenbrooks – a Star is Born

Es ist das meistverkaufte (im deutschen Sprachraum über neun Millionen Exemplare), das meistverfilmte (bis jetzt vier Mal) und das am häufigsten (in über vierzig Sprachen) übersetzte Buch von Thomas Mann. Es machte ihn über Nacht, das hieß damals (1901) innerhalb eines Jahres, bekannt, wohlhabend und schnell weltberühmt. Als er 1929 den Nobelpreis für Literatur erhielt, wurde der ihm ausdrücklich für seinen ersten Roman verliehen – die „Buddenbrooks" begleiteten Thomas Mann sein ganzes Schriftstellerleben lang.

Noch heute verblüfft, mit welcher Selbstsicherheit, ja Arroganz der damalige Nachwuchsdichter auf einen Brief des Verlegers Samuel Fischer vom 29. Mai 1897 reagierte. (Samuel ist übrigens das „S." im heute noch die Bücher Thomas Manns verlegenden S. Fischer Verlages). Fischer teilte dem damals 21-Jährigen mit, „gerne" einen kleinen Band mit Novellen von ihm zu verlegen. Dafür könne er zwar nicht gut zahlen, aber „ungleich bessere Honorare" gebe es, wegen der höheren Auflage, für „einen Roman, wenn er auch nicht so lang ist". Das war schon sehr ungewöhnlich, von Thomas Mann waren nur wenige kurze Novellen erschienen und im deutschen Kaiserreich des ausgehenden 19. Jahrhunderts schien die Standes- und Altersordnung noch festgefügt. Die Jungen kleideten sich wie ältere Herren und versuchten, so seriöser zu wirken – Thomas Mann war da keine Ausnahme. Samuel Fischer erkannte sofort das Talent des Nachwuchsschriftstellers und wollte ihn an sein Haus binden.

Thomas Mann reagierte, wie auch heute noch kommende Jungstars oder die, die sich dafür halten – demonstrativ cool. Mit seinem Bruder Heinrich reiste er erstmal nach Rom, um nach einigen Wochen nach München zurückzukehren, ein paarmal umzuziehen und fortwährend an den „Buddenbrooks" zu schreiben. Fischers Hinweis auf einen kurzen Roman hat er natürlich von Anfang an ignoriert, den Stoff für „Abwärts", so ein erster Arbeitstitel, hatte er schon im Kopf. Nach wenigen Wochen schreibt er aus Rom an seinen Freund Otto Grautoff, dass er „einen Roman vorbereite, einen großen Roman". „Groß" bedeutet umfangreich und groß an Bedeutung. Die Fertigstellung des Romans zog sich hin, Thomas Mann war inzwischen als Jungredakteur beim Münchener *Simplicissimus* als Lektor und Korrektor angestellt. Er liebte das Literatur- und Satire-Blatt, aber er konnte eben nur noch nebenbei an seinem Roman arbeiten. Mitte 1900 freute sich Samuel Fischer, dass das Manuskript abgeschlossen sei, vom beträchtlichen Umfang noch nichts ahnend, und teilte mit, dass von dem Novellenbändchen „Der kleine Herr Friedemann" in den letzten drei Jahren exakt 403 Exemplare verkauft wurden: „Der literarische Erfolg Ihres Buches war größer als der buchhändlerische." Am 15. August 1900 ging das lang erwartete Manuskript im Verlag ein – und die Verhandlungen wegen des Umfangs begannen.

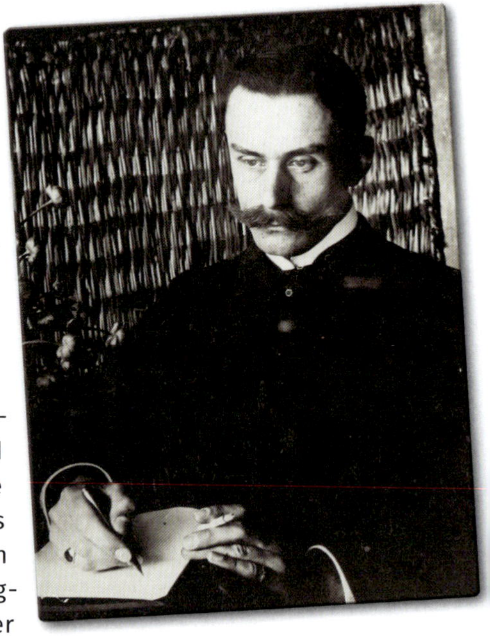

Thomas Mann um 1900, wartend auf den Ruhm

Thomas Mann war inzwischen als „Einjähriger" zum Militär eingezogen worden. Schon bald meist im Lazarett liegend, er hatte sich beim Marschieren am Fuß verletzt und überhaupt sehr schnell allerhand Beschwerden, korrespondierte er mit Leitung und Lektoren und wegen der „Buddenbrooks". Im Oktober 1990 dann teilt ihm Fischer mit, er sei „sehr geneigt, Ihr Buch zu verlegen“, unter einer Bedingung: Er möge sein Werk um etwa die Hälfte kürzen, da ein so umfangreiches Werk „für unser heutiges Leben fast eine Unmöglichkeit“ sei. Eine Entscheidung werde bald erwartet.

Der angehende Schriftsteller, dessen Erstling sich nicht gut verkaufte, begann zu pokern: Freunden berichtete er, das Honorar sei ihm nicht wichtig, um sich gegenüber dem Verlag über die angebotenen 20 Prozent zu beschweren (schon damals der Höchstsatz im Verlag), der Verleger traf sich persönlich mit Mann, der Jungstar tat diese Begegnung lässig ab. Diese Mischung aus Überzeugung wegen seines schriftstellerischen Talents und arroganter Unbekümmertheit – die zum größten Teil nur gespielt war – überzeugten Verleger und Lektorat, sich noch einmal mit den „Buddenbrooks“ zu beschäftigen. Im Frühjahr 1901 dann tatsächlich die erlösende Nachricht: Wir machen ihren Roman und wir machen ihn ungekürzt. Leider ist ein Gutteil der Korrespondenz verlorengegangen, in der es Thomas Mann tatsächlich mit Überzeugung, Schmeicheleien und charmanten Drohungen gelungen ist, Verleger und Lektor umzustimmen. Aber noch Jahrzehnte später erzählte seine Tochter Erika, wie stolz ihr Vater auf seine Briefe in dieser Angelegenheit war. Aus den zwischenzeitlich avisierten vier Bänden waren zwei geworden, deren Druckfahnen er im Schwabinger Sommer 1901 endgültig durchsah. Als die „Buddenbrooks“ nach guten Kritiken dann ab 1903 in einem Band zu einem Fünftel des ursprünglichen Preises erschienen, war der Verkaufserfolg sofort da: Bis 1918 waren über 100.000 Exemplare verkauft, für damalige Zeiten eine Sensation.

Die „Buddenbrooks“ sind ein Familienroman in klassischer realistischer bürgerlicher Tradition des 19. Jahrhunderts und umfassen Aufstieg und Fall einer Lübecker Kaufmannsfamilie. Über mehrere Generationen lernen wir die Familienmitglieder, Verwandte, Handelspartner und Dienstboten kennen, in Zeiten politischer Umwälzungen ändert sich manches und bleibt doch vieles. Bei Erscheinen ragte die Handlungsspanne des Romans fast bis in die Lübecker (die im Roman kein einziges Mal genannt wird) Gegenwart. Und so hatte Thomas Mann seine eigene Familiengeschichte als auch die anderer Familien als Inspiration benutzt, so dass in Lübeck bald „Dechiffrier-Listen" mit „Wer-ist-Wer" Auflösungen kursierten.

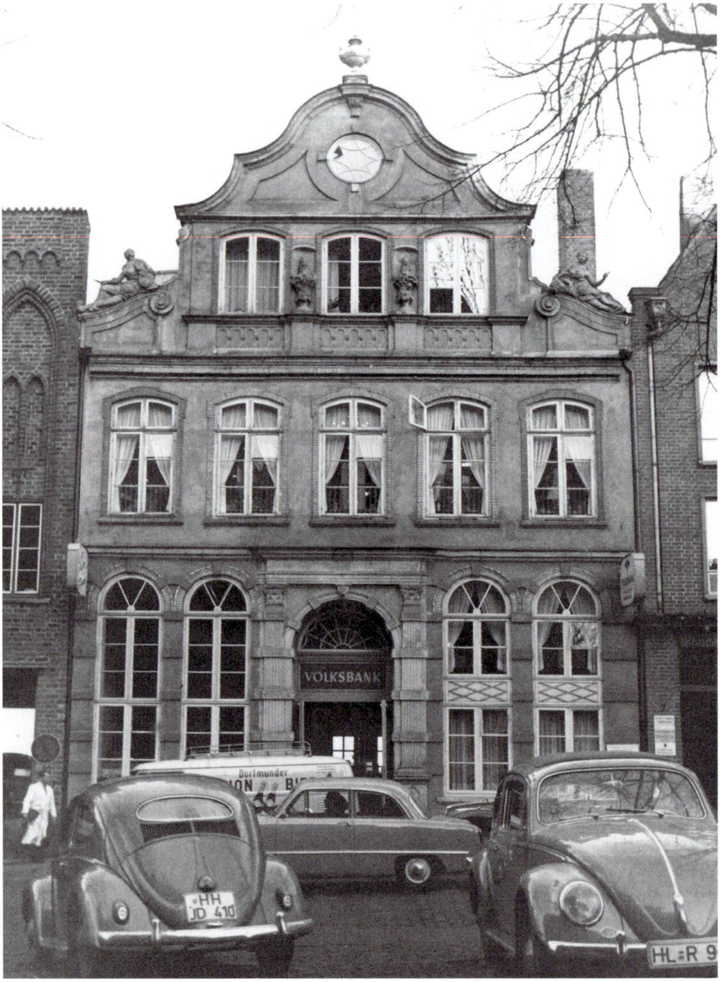

Das „Buddenbrooks"-Haus 1959 im Wirtschaftswunderland

Das Besondere an diesem Erstlingsroman bleibt aber die besondere Konstruktion. Personal, Handlung, Ort – alles atmet den Geist des klassischen bürgerlichen Romans des ausgehenden 19. Jahrhunderts. Und doch führt Thomas Mann die Moderne in die „Buddenbrooks" ein: Er montiert tatsächliche Begebenheiten mit Dokumenten, peniblen Recherchen und realexistierenden Personen zu einem neuen Tableau, das einen vertrauten und doch neuen Blick auf seine Zeit zeigt. Der souveräne Umgang mit fremdem Material und eigenen Entwürfen und besonders die Kenntnis der zeitgenössischen und klassischen internationalen Literatur hatten nicht nur seinen Verleger tief beeindruckt, sondern schufen an der Jahrhundertwende den zugleich letzten Roman des 19. und ersten Roman des 20. Jahrhunderts.

Bei aller Analyse und wissenschaftlichen Durchdringung bleiben die „Buddenbrooks" aber vor allem ein höchst lesbarer Roman, dessen Personal uns ein Leben lang begleitet. Dass ein junger Dichter mit Anfang zwanzig so ein makellos gebautes und beinahe perfektes Werk verfasst und dabei seine Zeit, seine eigene Geschichte und die Veränderungen der Gegenwart zusammenfügt, bleibt ein strahlendes Wunder, das sehr schnell auch von der literarischen Öffentlichkeit so gesehen wurde. Und so brauchte Thomas Mann über zwanzig Jahre, um sich von dem frühen Ruhm seines Erstlings zu befreien und mit dem „Zauberberg" den zweiten Meilenstein zu setzen. Ob ihm das gelingen würde, war er sich zwischendurch nicht immer sicher gewesen. Er konnte seinen Frieden damit machen, als er 1929 den Nobelpreis für Literatur ausdrücklich für sein Frühwerk, die „Buddenbrooks", verliehen bekam: Er war nun über fünfzig Jahre alt und wusste, was er konnte. Die „Buddenbrooks" waren nur der höchst spektakuläre Anfang seiner einzigartigen Dichterkarriere gewesen.

Und bitte keine Angst: „Harry Potter und der Orden des Phönix", der fünfte Band der Reihe, hat mehr Druckseiten als die „Buddenbrooks", und den haben Sie auch geschafft!

AHA!

Liebes Tagebuch …

Noch vor seiner Abreise und baldigen Heimkehr nach Europa packte Thomas Mann an seinem 77. Geburtstag drei Päckchen: „without any literary value“ beschriftete er und „not to be opened bevor 20 years after my death“. Diese Pakete und ein von Tochter Erika kurz nach seinem Tod 1955 verschnürtes viertes Konvolut enthielten die Tagebücher Thomas Manns der Jahre 1933 bis 1955 und die Diarien 1918 bis 1921. Den Rest hatte er eigenhändig verbrannt.

An die Zwanzigjahresfrist – ursprünglich sollten es sogar 25 Jahre sein – haben sich die Nachlassherausgeber natürlich gehalten (der erste Band erschien 1977), über den literarischen Wert („literary value“) gehen die Meinungen bis heute auseinander. Seit 1995 liegen die Tagebücher nun editiert und ausführlich kommentiert in zehn Bänden vor und haben außer Zweifel den Blick auf Thomas Mann revolutioniert. Zu seinem 100. Geburtstag 1975 schien sich Thomas Mann überlebt zu haben: Zwar waren seine großen Romane millionenfach verbreitet – im Taschenbuch und vor allem in halbledernen Buchklubausgaben, deren kleinbürgerliche Anmutung eine untergegangenen Epoche illustrierte, aber: Er wurde immer weniger gelesen.

„Was bedeutet Ihnen Thomas Mann, was verdanken Sie ihm?“, fragte Marcel Reich-Ranicki eine Vielzahl von Schriftstellern und Philosophen aus Ost- und Westdeutschland, Österreich und der Schweiz und sogar einige im Exil Gebliebene für eine Thomas Mann Geburtstagsbeilage der *FAZ*. Die sehr unterschiedlichen Antworten lassen sich knapp zusammenfassen: Nichts bis wenig.

Günther Grass, Siegfried Lenz oder Peter Handke (immerhin zwei künftige Nobelpreisträger) waren die Autoren der Stunde, sie lebten nicht nur noch, sondern griffen beherzt in die literarischen Debatten der Gegenwart ein. Thomas Mann dagegen schien sein eigenes Museum geworden zu sein. Wie konnten die

Thomas Mann schrieb Tagebuch bis zum Schluss.

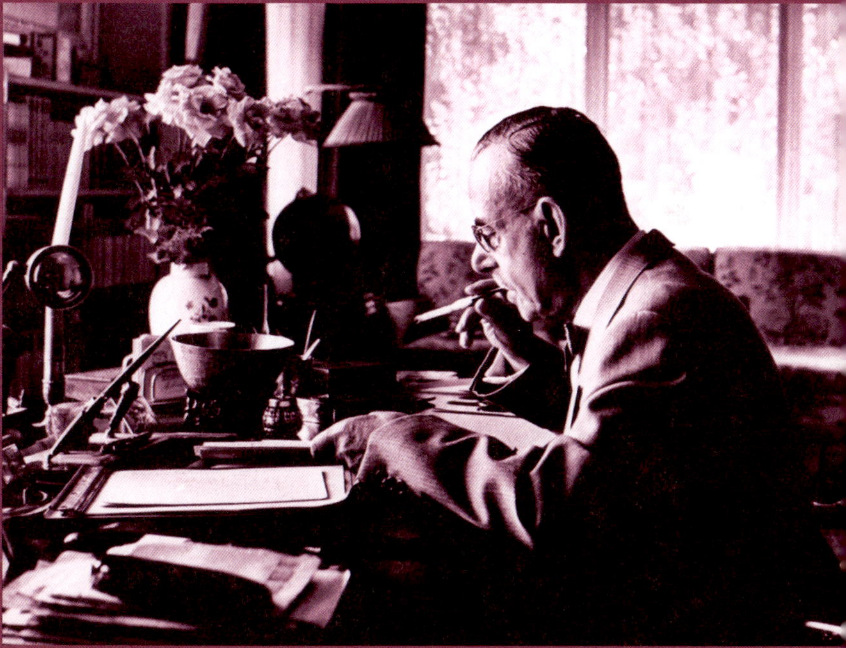

bald alle ein, zwei Jahre erscheinenden Tagebücher dieses Bild so gründlich ändern, dass uns zum 150. Geburtstag der fast Vergessene so gegenwärtig erscheint?

Friseur- und Arztbesuche, Verdauungsbeschwerden, Fußpflege und nächtliche Erektionen auf der einen, hysterische und abseitige politische Fantasien während der Kriegsjahre, Kinobesuche und Gesellschaftsklatsch auf der anderen Seite – und doch gibt's es *nichts*, was für den Thomas-Mann-Liebhaber lebendiger und fesselnder wäre. „Aufbügeln zweier verdrückter Anzüge" oder „Einkauf einer Badehose u. eines Kammes" – das interessiert Sie nicht? Thomas Manns Tagebücher leisten das, was normalerweise die nachfolgenden Generationen oft mehr schlecht als recht leisten: Sie machen aus einer Marmorbüste einen lebendigen Menschen. Thomas Mann holt sich selbst vom Sockel eines zu hohen Denkmals und zeigt sich als Mensch – aber eben als einen ganz besonderen, vielschichtigen Zeitgenossen.

Furore gemacht haben die tagträumenden erotischen Fantasien – ausnahmslos junge schöne Männer betreffend – und die traurigen, fast depressiven Zustände während bewegter Zeiten. Die Tagebucheinträge sind gänzlich unbearbeitet, voller Abkürzungen, Hörfehlern und falschen zeitlichen Einordnungen. Vieles wird nur angedeutet „G. zum Thee" oder „Brief an Br. Frank", daher sind die sehr umfangreichen Anmerkungen auch nötig und hilfreich. Und so setzt sich für den gebannten Leser ein gänzlich neues Bild von Thomas Mann zusammen: eine Collage aus Andeutungen, Briefen, Befindlichkeiten und ungefilterten Bekenntnissen, die ein eigenes, persönliches Porträt entwirft. Es geht meist nur am Rande um das Werk – es geht in den Tagebüchern um alles. Wir begleiten Thomas Mann als Menschen – und bewundern den Künstler umso mehr.

Es mag Zufall sein, dass das Memoire, also eine selbstbetrachtende Literatur der radikalen Subjektivität und formalen Offenheit, seit Jahren boomt – aber die Tagebücher Thomas Manns treffen seit ihrem Erscheinen auf eine Öffentlichkeit, die diese Notizen (und die dazu gehörenden Kommentare) auch *literarisch* lesen kann. Sie verbinden die Werke Thomas Manns mit dem Autor und seiner Zeit – und lassen so einen neuen, erweiterten Blick auf ihn und sein Werk entstehen.

Marcel Reich-Ranicki, der kluge und unermüdliche Verteidiger Thomas Manns, wusste, „nach wie vor haben seine Romane und Novellen unzählige Bewunderer, die Tagebücher indes vermögen zu erreichen, was die Geschichte seines Werkes niemals kannte: Sie machen aus Bewunderern Angehörige einer Gemeinde."

Der schöne Knabe

In den Jahren vor dem Ersten Weltkrieg hatte Thomas Mann ein Problem, das für andere vielleicht gar keines gewesen wäre: Die „Buddenbrooks" hatten ihn aus dem Stand zu einem der bedeutendsten Schriftsteller seiner Zeit gemacht – aber seit der Veröffentlichung waren bereits über zehn Jahre vergangen. „Königliche Hoheit" hatte sich gut verkauft, aber Thomas Mann wusste selbst am besten: Ein Meisterwerk war dies nicht. Sein Drama(-Versuch) „Fiorenza" war ein Flop – mit Recht wird es bis heute kaum gespielt. Also nun: Zeit für ein neues „Meisterwerk", wie Thomas Mann selbst die „Buddenbrooks" nannte.

Es gab unterschiedliche Pläne: ein moderner Großstadtroman, der diesmal in München, also Thomas Manns neuer Heimat, spielen sollte, ein Großessay über nichts weniger als „Geist und Kunst" oder ein Roman über Friedrich den Großen. Es musste ein neues Meisterwerk werden, dieses selbstgesteckte Ziel weckte aber immer wieder Selbstzweifel – unterdessen arbeitete er „kümmerlich langsam", wie er merkte, weiter am „Felix Krull".

„Bedenken Sie, ich werde siebenunddreißig", schrieb er an einen Freund – und dass er an einer „momentanen Erschöpfung des Centralnervensystems" leide. Thomas Mann hatte aber keine persönliche Midlife-Crisis – es war die Krise seiner Epoche.

Das Werk Thomas Manns war immer klüger als der Autor selbst, und so spürte er als ein führender Autor der *décadence* , dass diese Zeit und diese Epoche zu Ende gingen. Erstmal reiste er mit Frau Katia und Bruder Heinrich in den Süden und im Mai und Juni 1911 schließlich nach Venedig. Die beiden Brüder waren schon früher häufig gemeinsam in Italien gewesen, auch Venedig kannte Thomas Mann gut. Es waren „ganz wundervolle Ferien" und der verblühende Glanz der Lagunenstadt wirkte diesmal noch wunderbarer auf ihn. Nietzsche war in Venedig gewesen, Richard Wagner hatte dort einen Teil von „Tristan und Isolde"

Lido in Venedig 1911. Postkarte aus dem Besitz Thomas Manns

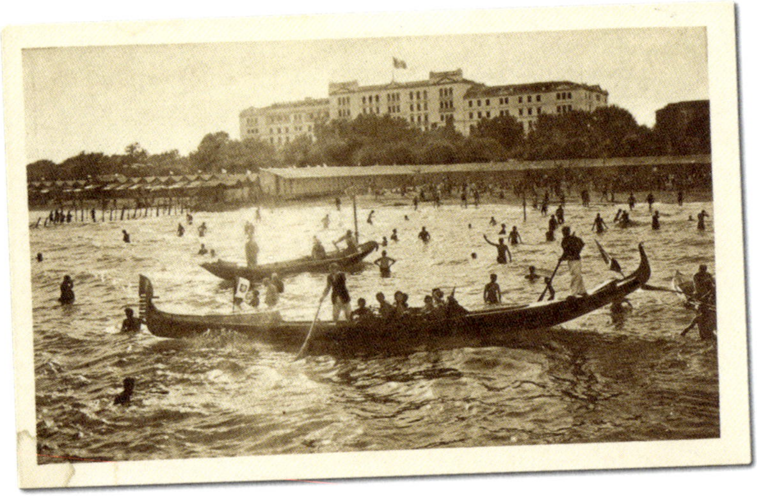

komponiert und war dort auch gestorben. Als während des Aufenthalts die Zeitungen täglich von der schweren Erkrankung und schließlich dem Tode des verehrten Komponisten Gustav Mahlers berichteten, war das Szenario komplett: Venedig, die Kunst und der Tod.

Schon im Juli beginnt Thomas Mann in München die Niederschrift einer Novelle, die ihn – nach leichtem Beginn – bald „bis zur Qual beschäftigt“: „Der Tod in Venedig“.

Wie immer ist die Handlung schnell erzählt: Nach einer unheimlichen Begegnung mit einem Unbekannten auf einem Münchner Friedhof beschließt im Mai 1911 der berühmte Schriftsteller Gustav von Aschenbach spontan zu verreisen. Der verwitwete, alleinlebende und diszipliniert seiner künstlerischen Arbeit alles unterordnende etwa Fünfzigjährige beschließt schließlich, von der Adriaküste aus nach Venedig zu fahren. Auf der Überfahrt zum ihm bereits wohlbekannten Venedig hat von Aschenbach ein erneutes unheimliches Erlebnis – er beobachtet einen auffällig geschminkten alten Mann, der in einer Gruppe junger Männer laut um Aufmerksamkeit buhlt. In Venedig angekommen, fällt ihm bald der junge Tadzio auf, ein Junge „von vielleicht vierzehn Jahren", dessen Schönheit eine schwärmerische Verliebtheit in ihm auslöst. Trotz unterschiedlicher Probleme – das schwüle Wetter schwächt ihn, ein Koffer geht verloren – kann sich von Aschenbach nicht von seiner Vernarrtheit lösen. Er beobachtet den Jungen und seine polnische Familie im Hotel, in der Stadt und am Strand, ohne auch nur ein Wort mit ihm zu wechseln. Sich selbst seine Liebe zu dem Jungen eingestehend, ignoriert von Aschenbach alle Warnungen vor der in Venedig kursierenden Cholera und legt seine künstlerische Disziplin und seine menschliche Distanz immer mehr ab in seiner Vernarrtheit in Tadzio: „Das war der Rausch und gierig hieß der alternde Künstler ihn willkommen."

Aufgelöst und aller Selbstachtung verlustig, lässt er sich vom Hotelfriseur die Haare färben und schminken – und verwandelt sich so in den geckenhaften Alten, der ihm bei der Überfahrt aufgefallen war. Nachdem er bei einem Straßenhändler Erdbeeren gekauft und gegessen hat, infiziert sich von Aschenbach mit der Cholera und stirbt – während er auf einer Strandliege zum letzten Mal Tadzio beobachtet.

Natürlich hat die Krise des von Aschenbach viel mit Thomas Mann zu tun: die immer wieder beschriebene Kreativitätsblockade des Schriftstellers, die ihn zunehmend einengende, protestantische Strenge der Pflichterfüllung – in den Konflikten seiner Romanfigur spricht der Autor direkt zu uns. Und noch ein zweiter, wesentlicher Aspekt rückt in „Der Tod in Venedig" immer weiter in den Mittelpunkt: die Homosexualität. Für viele heutige Leser ist es vielleicht kaum mehr nachzuvollziehen, welch enormes Konfliktpotential die Liebe zu Knaben oder zu Männern in der späten Kaiserzeit besaß. 1902 hatte sich Friedrich Albert Krupp, der bedeutendste Industrielle des Landes, wohl das Leben genommen, nachdem italienische und deutsche Zeitungen über „Ausschweifungen auf Capri" und „Festivitäten mit Bauernjungen" berichtet hatten. Und auch wenn der englische Gerichtsprozess um Oscar Wilde, der ihn zu zwei Jahren Zuchthaus wegen Homosexualität verurteilt hatte, schon gut 15 Jahre her war: Der

von Aschenbach trifft auf den jungen Tadzio.

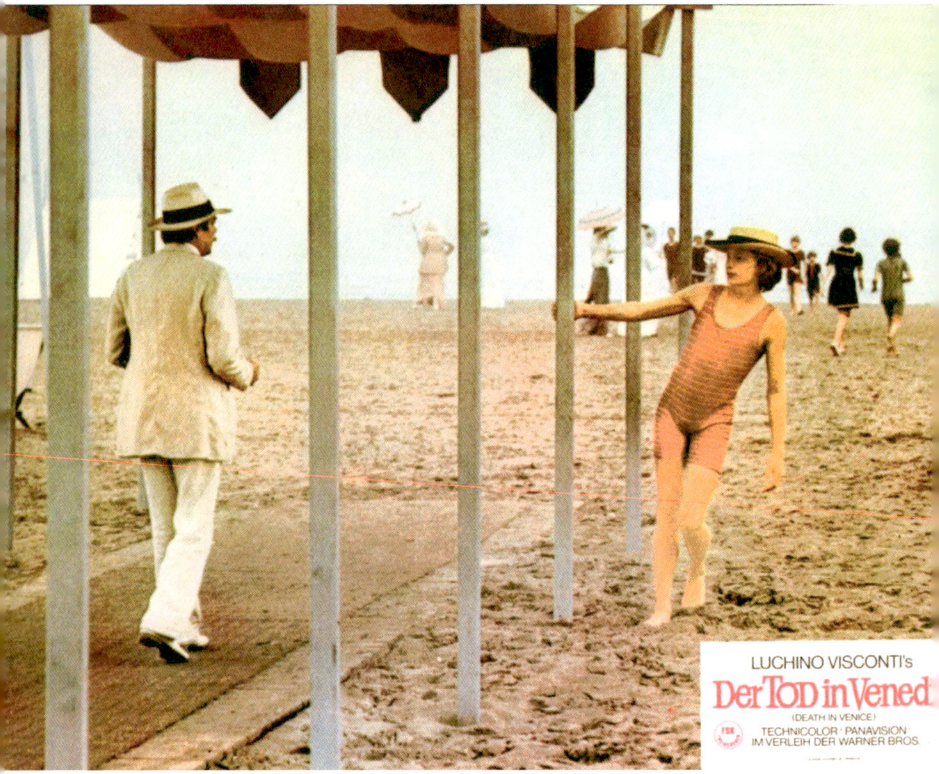

tiefe Fall des berühmten Starautors, den die harte Haft körperlich und seelisch brach, war in Europa noch sehr präsent.

So schrieb Thomas Mann nicht einfach über Homosexualität als nun einmal existierende Spielart der Erotik – sie blieb für ihn eine Sonderform der Liebe, die, ohne sie im Geringsten abzuwerten, dadurch eine außergewöhnliche Form der Kreativität befördern konnte. Gustav von Aschenbach erlebt seine (rein platonische und unausgesprochene) Liebe zu Tadzio eben auch als Befreiung. Für den Künstler stellt die Außenseiterposition die gewissermaßen natürliche Stellung in der bürgerlichen Gesellschaft dar – die Liebe zu Männern verstärkt dies nur. Thomas Mann wusste sein Leben lang, dass ihn *auch* (junge) Männer anzogen – er machte nie ein Geheimnis aus dieser Tatsache. Aber er hatte eben auch frühzeitig beschlossen, „sich eine Verfassung zu geben“ – also eine bürgerliche Existenz mit Ehefrau und Kindern. Und nicht um sich zu verstecken, sondern weil er so, mit großer Familie, leben wollte – das andere war eben Schwärmerei und – Kunst.

Mit „Der Tod in Venedig“ schloss Thomas Mann die Epoche des *fin de siécle*, also des Verfalls, der Dekadenz und der Verfeinerung, für sich ab – natürlich ohne zu wissen, dass der Ausbruch des Ersten Weltkriegs einige Jahre später diese kulturelle Bewegung abrupt abbrechen sollte. Sein nächstes großes Werk sollte dann „Der Zauberberg“ werden – und damit eine neue Phase auch in der künstlerischen Vita Thomas Manns beginnen. „Der Tod in Venedig“ war kein Coming-out – aber eben doch eine Exposition: Die autobiografischen Züge des Buchs musste man nicht unbedingt im Vordergrund sehen, aber sie waren eben auch nicht zu übersehen. Damit war für Thomas Mann die Sache geklärt.

Der 1971 in die Kinos gekommene Film „Der Tod in Venedig“ von Luchino Visconti ist die wohl gelungenste und interessanteste Thomas Mann-Verfilmung. Visconti machte aus dem Schriftsteller von Aschenbach wieder einen Komponisten und nahm so das Vorbild Gustav Mahlers auf. Äußerlich orientierte sich seine Filmfigur wiederum mehr an Thomas Mann als an Mahler, während er habituell starke Ähnlichkeiten mit dem (homosexuellen) Regisseur selbst aufwies. Diese Melange persönlicher Bezüge und die emotionale musikalische Begleitung, hauptsächlich durch die Musik Gustav Mahlers, macht aus dem Film ein eigenständiges Kunstwerk, das tatsächlich keinen einzigen Dialog der Vorlage übernimmt, aber trotzdem (oder deswegen?) die Vielschichtigkeit, die Tragödie, den Abschied und die Kunstauffassung Thomas Manns beeindruckend aufzeigt und ergänzt. In diesem einen Fall können Sie getrost zuerst die Verfilmung sehen und später die Vorlage lesen – aber bitte nur hier, beim „Tod in Venedig“.

Vater und Sohn – frühes Leid

Thomas Mann war Schriftsteller und Künstler. Was er nicht war: ein liebender und zugewandter Vater. Oft ist die Kälte beschrieben worden, unter der seine Kinder litten, und deren Angst, ihm nicht genügen zu können, nicht „interessant" genug zu sein. Aber die Distanz, die Thomas Mann zu seinen Kindern hielt (vielleicht mit Ausnahme von Elisabeth) war die gleiche Distanz, die er zu fast allen Menschen hielt.

Er hat seine Kinder nicht angeschrien oder gar körperlich gezüchtigt – damals noch gängige und erwartete Erziehungsmethoden. Und als die ältesten Kinder Probleme in der Schule bekamen, versuchten die Eltern es mit den damals aufkommenden Reformschulen, die den Kindern alle Freiheiten ließen. Sein Leben, seine Welt waren für Thomas Mann vor allem Material, und so auch seine Familie. Als Erika und Klaus älter wurden und ihre ersten Abenteuer erlebten, künstlerische Erfahrungen machten und ihren bunten und (auch nach heutigen progressiven Maßstäben) sehr diversen Freundeskreis zu Hause einführten, wuchs sein Interesse für seine Kinder. Mitte der zwanziger Jahre waren Erika und Klaus 20 und 19 Jahre alt und führten ein sehr gegenwärtiges Leben.

„Der Zauberberg" war gerade erschienen und Thomas Mann hatte sich mit der Rede „Von deutscher Republik" mit Aplomb zur parlamentarischen Republik bekannt, als zu seinem bevorstehenden 50. Geburtstag eine Sonderausgabe der *Neuen Rundschau* geplant war, zu der er einen Beitrag schreiben sollte. „Unordnung und frühes Leid" erschien 1925 hier zum ersten Mal und ein Jahr später als illustrierte Buchausgabe. Nach dem „Gesang vom Kindchen" und „Herr und Hund" (beide 1919) scheinbar ein Tryptichon der Familienidyllen bildend, hatte sich in dieser Novelle die bürgerliche Wirklichkeit deutlich geändert. Der liebevolle, aber strenge Blick des Patriarchen blickte nun nicht mehr

Thomas und Katia Mann um 1925 – im Stil der Neuen Sachlichkeit

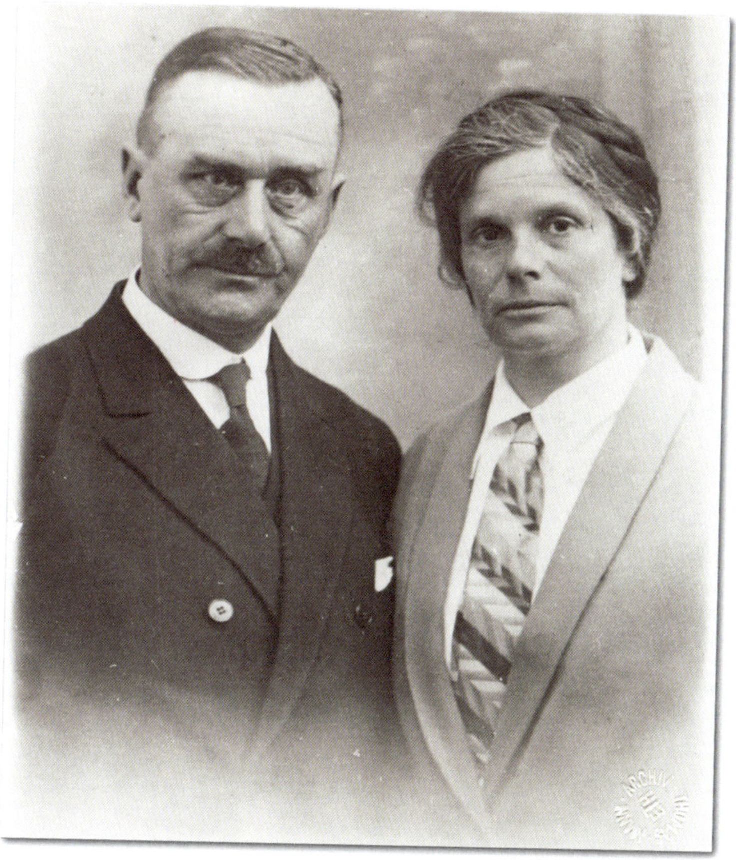

auf die fest gefügte alte Ordnung, sondern auf die „Unordnung" der Moderne, auf Inflationszeit und eine in der Erzählung vier- statt sechsköpfige Kinderschar.

Die Ältesten, in der Novelle Ingrid und Bert genannt, erinnern ihren Vater daran, dass „sie heute Gesellschaft haben" – kurz: eine Fete geben. Die ganze Anordnung wirkt immer noch sehr modern, Junge und Mädchen mit ihren langen Haaren, „flüchtig in der Mitte gescheitelt" nennen sie, lässig zigarettenrauchend, ihre Eltern „geschätzter Greis" und „treuherzige Greisin" – „nicht

Ordnung und späte Teestunde: die Familie Mitte der zwanziger Jahre

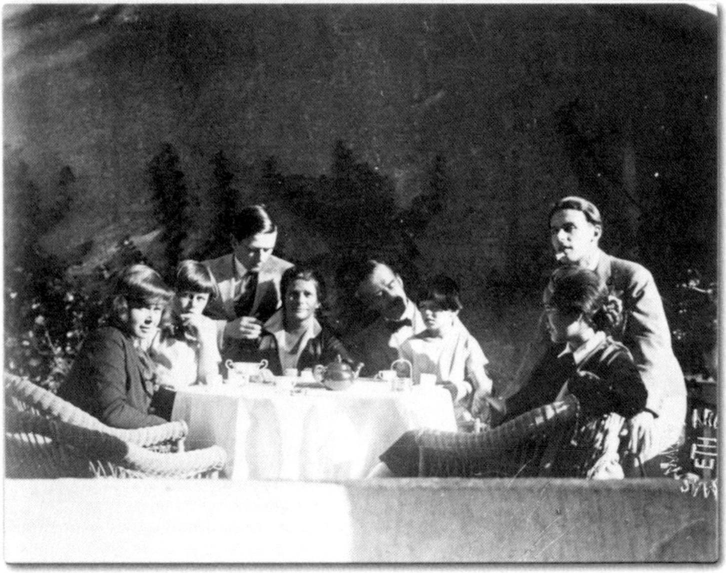

hinter ihrem Rücken, sondern anredeweise", während die Kleinen den Vater mit Vornamen anreden – sehr moderne Zeiten. Die Vorbereitungen beginnen, das Telefon klingelt pausenlos – es wird abgesagt und zugesagt, es werden Lebensmittel mit kleinen Gaunereien organisiert – es gibt ja Lebensmittelzuteilungen – und die „Greise" stehen daneben, den „Jargon des Kreises voller Übermut und Redensartigkeiten" kaum verstehend: eben die Gegenwart 1925 in gehobenen Kreisen, in Zeiten der Neuen Sachlichkeit. Das titelgebende „frühe Leid" ist übrigens die „Blitzverliebtheit" des fünfjährigen Lorchen. Sie hat „bis Acht" mit den Großen mitfeiern dürfen, mit „Herrn Hergesell", einem Freund Ingrids und Berts, zu Schallplatten getanzt und leidet nun. Schließlich eilt, nach vielen Tränen an der Wange des Vaters, der junge Hergesell an das Bett der kleinen Verliebten und wünscht ihr eine Gute Nacht. Beruhigt schläft sie ein. „Morgen, das ist gewiß, wird der junge Hergesell nur noch ein blasser Schatten sein".

Siebzig Jahre später hat Elisabeth Mann Borgese erzählt, dass es sich damals bei einem Fest im Hause Mann genau so zugetragen hat, „ich kann mich noch genau erinnern". Nur habe sie dem jungen Mann in Wirklichkeit noch sehr lange hinterher getrauert.

Während wichtige zeitgeschichtliche Details und die Räumlichkeiten in der Mann'schen Villa ziemlich genau gezeigt werden, geht Thomas Mann mit den Familienmitgliedern sehr frei um. Aus sechs Kindern werden vier – die mittleren Kinder Golo und Monika verschwinden einfach –, und auch Katia ist mit ihrer Darstellung als kränkliches, etwas biederes Hausmütterchen nicht glücklich. Bei der Übernahme der Charaktere aus der eigenen Familie geht Thomas Mann mit beinahe selbstverständlicher Rücksichtslosigkeit vor. Ist Erika mit ihrem Charme und ihrer Energie noch gut zu erkennen, bleibt Michael – im Buch „der Beißer" – blass, und Elisabeth wird ein Mittelpunkt der Geschichte. Sohn Klaus leidet am meisten – der Bert aus der Novelle will „entweder Tänzer oder Kabarett-Rezitator oder aber Kellner werden, letztes unbedingt in Kairo".

Klaus fühlt sich mit der Figur des Bert nicht ernstgenommen („der nichts weiß und nichts kann und nur daran denkt, den Hanswurst zu spielen, obgleich er gewiss nicht einmal dazu Talent hat") , vielleicht sogar in seiner (homo-)sexuellen Identität verspottet: „Tänzer" und „Kellner" wurden damals als recht eindeutige Chiffren gelesen. Er muss etwas geahnt haben: Als er am 17. Mai 1925 seiner Schwester Erika von „Zauberers Novellenverbrechen" schreibt, hat er wohl heimlich die Druckfahnen gelesen. Er beschließt eine „Gegen"-Novelle zu verfassen, eine Antwort auf „Unordnung und frühes Leid".

Seine „Kindernovelle" erscheint nach kürzester Zeit und ist bis heute eine Fundgrube küchenpsychologischer Deutungsmöglichkeiten: Die beschriebene Familie besteht wieder aus vier Kindern, aber diesmal verschwinden statt der mittleren die beiden jüngeren Geschwister der Mann-Familie. Der Vater, diesmal „ein berühmter Philosoph", ist tot und hängt als Totenmaske an der Wand, während das Leben der Kinder von wunderlichen Gestalten, dem unheimlichen Kindermädchen oder dem langweiligen Lehrer Burkhardt bestimmt wird. Die Mutter dagegen ist jung und schön, im Schwimmbad „sahen alle Herren neugierig herüber. Ihre herrlichen Beine schimmerten weiß in der Sonne; es war berauschend zu sehen, wie sie die Arme hob." Ein junger Bewunderer des verstorbenen Gatten taucht auf, schließt Freundschaft mit den vier Kindern und macht der Mutter sanft den Hof. Schließlich verliebt sich die junge Mutter in den Freund der Kinder und nach religiösen Visionen und sehr konkreten erotischen Momenten – unter der Totenmaske des Vaters – wird sie schwanger und später, während die ältesten Kinder Renate und Heiner unvermittelt-ernst ihre eigene Hochzeit spielen, ein Mädchen gebären. Es tauchen noch blinde Kinder, ein Friedhof und ein toter Bäckerjunge auf – die klatschsüchtige Öffentlichkeit war 1926 bei Erscheinen der „Kindernovelle" natürlich begeistert.

Interessanterweise deuteten die meisten Rezensenten damals die beiden Novellen als Produkt eines zeittypischen Generationenkonflikts, nicht nur für die *Frankfurter Zeitung* waren Thomas und Klaus Mann „Repräsentanten vieler Väter und Söhne". Die Gelassenheit, mit der Thomas Mann diesen „Vatermord" und fast schon ödipalen Blick auf seine Frau Katia hinnahm, wurde damals als Widerschein einer neuen, modernen Zeit gesehen – heute kann man die Nicht-Reaktion auf die „Kindernovelle" wohl auch als schiere Ignoranz des Vaters sehen. Klaus wird bis an sein Lebensende versuchen, die Aufmerksamkeit des Vaters zu bekommen – seine große Stunde wird später kommen, als er viel früher als sein Vater die epochale Destruktivität des Nationalsozialismus erkennt und vom Ästheten zum Kämpfer wird. Klaus und Erika können dann endlich ihren Vater vom endgültigen Bruch mit Deutschland überzeugen und ihm dadurch helfen, seinen Beitrag zum Sieg über Hitler-Deutschland zu leisten. Wenigstens dies hat Thomas Mann bei Gelegenheit anerkannt.

Sieben Gedichte

Thomas Mann wusste schon sehr früh, was er konnte – und auch, was er nicht konnte. Hatte er noch erste Gedichte in der praktischerweise von ihm selbst mitherausgegebenen, Schülerzeitschrift *Der Frühlingssturm* drucken lassen, folgten in den nächsten Jahren nur noch wenige weitere.

Im ersten von Thomas Mann erhalten gebliebenen Brief von 1889 unterzeichnete der 14-Jährige mit „ToMann. Lyrisch-dramatischer Dichter", aber insgesamt sind in gedruckter Form lediglich sieben Gedichte überliefert. Er hat seine Gedichte selbst als Nebensächlichkeiten abgetan, „Ich mache sie gewöhnlich Abends beim Einschlafen", schrieb er 1895 einem Freund. Trotzdem gehörte Lyrik wohl für den jungen Dichter zu seiner angestrebten Künstlerexistenz einfach dazu – warum hätte er sie sonst abdrucken lassen? Sein älterer Bruder Heinrich hat sich schon früh über die ihm von seinem Bruder zur Begutachtung überlassenen Poeme herablassend geäußert und von seinem „peinlichen Gefühl" berichtet, bei der Lektüre dieser „weichlichen, süß-sentimentalen Freundschafts-Lyrelei". Ganz aufgegeben hat Thomas Mann das Dichten aber nicht – eine Vielzahl der in seinen Romanen „zitierten" Gedichte

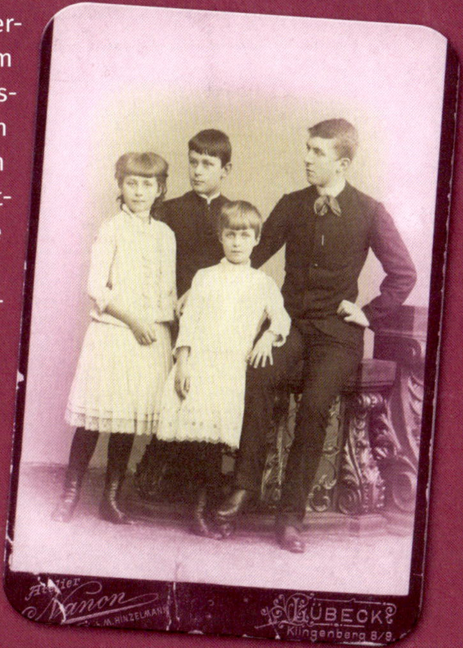

Der lyrisch-dramatische Dichter ToMann (2 von l.) im Kreise seiner Geschwister

und Reime stammen von ihm selbst. Die ab 1991 von Hans Wysling herausgegebenen „Notizbücher" Thomas Manns sind voller Beispiele: von „Joseph, der Ernährer" bis „Felix Krull".

Immerhin neunzehn Strophen hat das Lied, mit dem Serach im „Joseph" verkündet: „Der Knabe lebt" und die Verse des Kamadamana in den „vertauschten Köpfen" lassen sich auch als Gedicht lesen:

„die süsse Brust, geschmückt mit Sternen zart,-
Der schweißgetränkte Achselbart"

Auch „Der Tod in Venedig" bietet stark rhythmisch gefärbte Prosa in einer in Hexametern geschrieben Sprache, etwa beim Auftauchen von Tadzio oder wenn Aschenbach „lyrische" Naturphänomene wie einen Sonnenaufgang beschreibt. Thomas Mann benutzte immer wieder ein lyrisches Versmaß, wenn sein handelndes oder sprechendes Personal über den bloßen Bericht hinausgeht, wenn ihre Welt romantisiert werden soll.

Das originellste und witzigste Gedicht Thomas Manns aber ist zu seinen Lebzeiten nie veröffentlicht worden, er schrieb es 1899 als Widmung in das Exemplar einer Freundin von Eckermanns „Gespräche mit Goethe" in Form eines *Ghasels*, einem damals beliebten Reimschema:

„Früh am Morgen wie am spöten
Abend, Freundin, ist's von Nöthen,
Daß man lese die Gespräche
Zwischen Eckermann und Göthen.
Wundern sollt's mich, wenn sie Dir für
Geist und Herz nicht Vieles böten,
Wenn vor Lust sich Dir beim Lesen
Nicht die Wangen hold erhöhten!
Nimm aus meiner Hand dies Buch denn,
Das zwar werth nur wen'ge Kröten,
Doch erklecklich stieg im Preise,
Seit ich süß und mit Erröthen
Mir erlaubt, als Widmung dieses
Liebliche Ghasel zu flöten!"

Deutschland, Deutschland über alles

Seit den „Buddenbrooks" lautete ein Vorwurf in Richtung Thomas Manns, er schreibe, in mehr oder weniger verklausulierter Form, ja immer über sich selbst. Auch wenn das – natürlich – stimmt, im „Doktor Faustus" interpretierte er sich auch von Anfang an selbst, spricht von seinem Buch als „Roman meiner Epoche, verkleidet in die Geschichte eines Künstlerlebens".

1943 begann Thomas Mann mit der Lebensgeschichte des „Tonsetzers", wie er den Komponisten Adrian Leverkühn nannte, erzählt von seinem Freund Serenus Zeitblom. Geringfügig jünger als die beiden ist der Autor selbst und so montiert er die Lebensgeschichte und -orte der beiden Kindheitsfreunde zu einer zeitgenössischen Betrachtung der deutschen Katastrophe und ihrer tiefen Ursachen. Vielstimmig scheint der Chor der Perspektiven in diesem Roman, doch in Wahrheit spricht nur einer durch sie: Thomas Mann selbst. Der „Teufelspakt" des Künstlers, der zu einmaliger künstlerischer Höhe führen soll und zwischendurch auch führt, muss erkauft werden durch Einsamkeit, Kälte, Krankheit und Tod.

Und auch wenn die fiktiven „Aufzeichnungen" des Zeitblom erst nach dem Tod des Komponistenfreundes Leverkühn beginnen, entspricht der Beginn der „Aufzeichnungen" dem Datum, an dem Thomas Mann seine Arbeit am „Doktor Faustus" aufnimmt: Am 23. Mai 1943 beginnt Thomas Mann mit der Niederschrift des Romans und lässt direkt auf der zweiten Seite seinen Erzähler Zeitblom berichten, „heute, den 27. Mai 1943" begönne die „Lebensbeschreibung des unglücklichen Freundes". Der reale Thomas Mann in Kalifornien und der fiktive Zeitblom in „Freising an der Isar" in „unserer umdrohten Festung Europas" schreiben parallel und kommentieren so in den nächsten Jahren auch gleichzeitig die dramatischen Ereignisse des Zweiten Weltkriegs und schließlich der Befreiung.

1945 im Garten in Kalifornien. Katia mit Frido, dem Enkel und Vorbild für „Echo" im „Doktor Faustus"

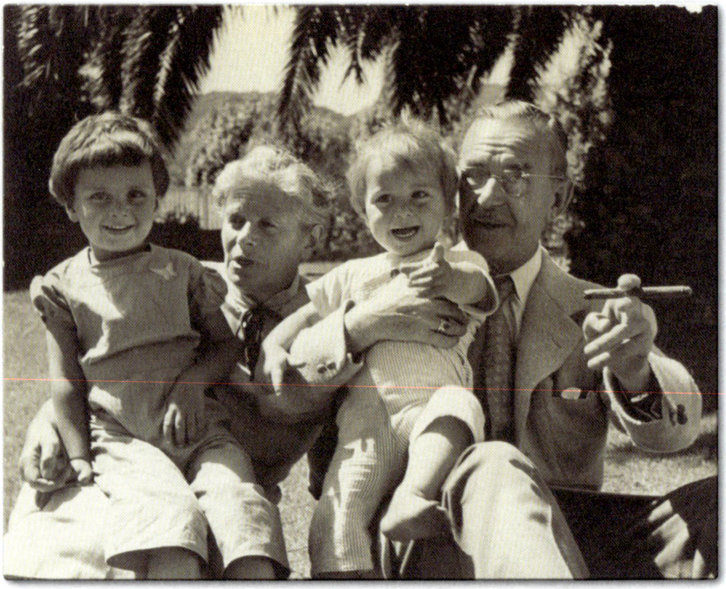

Der teilweise gewollt-altertümelnde Stil des „Doktor Faustus" trifft auch in diesem Roman auf die moderne Montage unterschiedlicher Erzählebenen: Thomas Mann erfindet einen fiktiven Erzähler, der von seinem fiktiven Freund erzählt. Und weil Thomas Mann nicht nur einen Künstler-Roman schreiben wollte, sondern vor allem einen Roman über Deutschland und seinen Weg in das Verderben und die Verbrechen der Gegenwart, ist das Buch eben auch eine Betrachtung der deutschen Gegenwart. So gegenwärtig, dass der schreibende Thomas Mann den „aufzeichnenden" Serenus Zeitblom in seiner Gegenwart begleitet – und natürlich im Mai 1943 noch nicht ahnen kann, wie die Geschichte – die erzählte und die stattfindende – ausgehen wird. Es wird auch für ihn ein Experiment mit ungewissem Ausgang.

1945 besuchte ein Reporter vom *Time Magazine* Thomas Mann in seinem Haus in Los Angeles – in seinem Tagebuch und später in „Die Entstehung des Doktor Faustus" berichtet er selbst davon. Der Journalist fragte ihn, so Mann, direkt nach seinem „Lebensabriß" von 1930, und seiner damaligen „Prophezeiung", dass sein Leben im 70. Jahr, also 1945, enden möge, und „Wie ich es vor der Öffentlichkeit rechtfertigen wolle, daß ich immer noch am Leben sei ", denn „das ins Auge gefasste Jahr sei so gut wie abgelaufen, ohne daß ich Wort gehalten hätte."

Wahrscheinlich hätte auch ein amerikanischer Star-Reporter des *Time Magazine* niemals so mit dem weltberühmten Nobelpreisträger gesprochen – er war unversehens zu einer Mann'schen Romanfigur geworden. Denn nun konnte Thomas Mann mit heiterer Ironie davon sprechen, dass ihn ein „biologischer Tiefpunkt" einer großen körperlichen Erschöpfung fast dazu gebracht hätte, sein „Versprechen" zu erfüllen – aber seine „Ordnungsliebe habe nicht ausgereicht, meinen Tod herbeizuführen". Als Thomas Mann mit dieser Anekdote vier Jahre später die Nachschrift „Entstehung des Doktor Faustus" eröffnete, wusste er natürlich, dass ihn drei Monate nach dieser Begegnung eine lebensbedrohliche Erkrankung und notwendige schwere Operation fast aus dem Leben gebracht hätte – nicht nur mitten aus dem Leben, sondern auch aus der Niederschrift des „Faustus"-Romans.

Thomas Mann hatte Lungenkrebs, so erklärte sich auch seine „biologische Krise" dieses Jahres. Sowohl seine Frau als auch der Rest seiner Familie und selbst seine operierenden Ärzte klärten ihn über diese eindeutige Diagnose nie auf – in schönster „Zauberberg"-Diktion war stets die Rede von „Stellen" auf der Lunge, die behandelt werden mussten. Thomas Mann hatte ein „Opfer" gebracht, so etwas passiere, „wenn einer mit siebzig Jahren sein wildestes Buch schreibt", so seine eigene Einschätzung. Denn natürlich war er nicht einfach „einer", er war Thomas Mann – und als solcher schrieb er eben nicht nur einen Roman über das Deutschland, das gerade untergegangen war – er durchlitt so sehr das „wahre Deutschland", dass er fast über die intensive Selbsterforschung gestorben war.

Arnold Schönberg war 1944 ein Nachbar Thomas Manns und Erfinder der „Methode des Komponierens mit 12 Tönen".

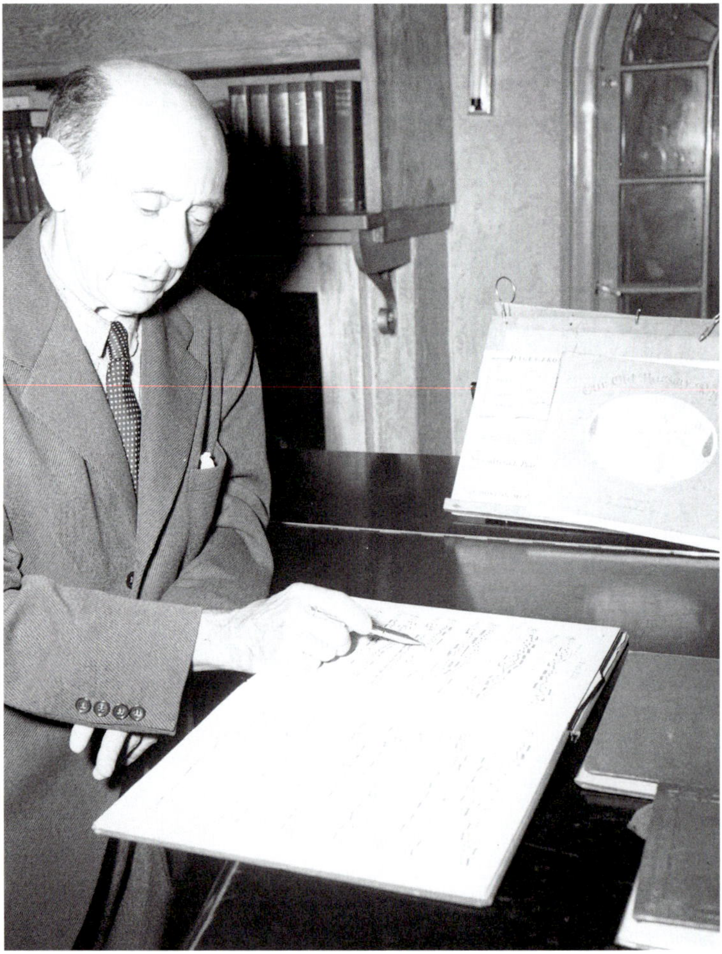

„Es war das Buch", zitiert er „wohlmeinende Beobachter meines Lebens", – und so ist es an ihm, den durch die Krankheit unterbrochenen Roman mit „Behändigkeit, mit der ich, gezeichnet mit einer Narbe von der Brust bis zum Rücken, zur Erheiterung der Ärzte von der Operation erstand, um dies fertig zu machen ..." Auch hier schreibt Thomas Mann von seiner bedrohlichen „biologischen Krise" mit selbstbezogener Ironie – es ist eben alles eine Frage der Haltung.

Man hat die Hauptpersonen des „Doktor Faustus" oft mit Thomas Mann selbst in direkte Verbindung gesetzt – schließlich hatte er die Person des Erzählers Serenus Zeitblom auch deshalb eingeführt, um die Irrungen und Wirrungen seiner Hauptfigur kommentieren und etwas Distanz halten zu können. Und so ist sein Protagonist auch kein Schriftsteller, sondern Komponist. Die Musik bot Thomas Mann einen unmittelbareren, weil emotionaleren Zugang zur deutschen Innerlichkeit und deutschen Romantik, einen Ausdruck des deutschen Sonderwegs, der schließlich in die Katastrophe führte.

Verehrte Leserinnen und Leser, auch wenn Sie schon davon gehört haben, dass „Doktor Faustus" sich ausführlichst mit Musik und speziell der Zwölftonmusik Arnold Schönbergs beschäftigt (was stimmt), bitte lassen Sie sich nicht abschrecken – sondern beginnen Sie mit „Die Entstehung des Doktor Faustus – Roman eines Romans".

Dieses schmale Büchlein schrieb Thomas Mann unmittelbar nach Beendigung des „Doktor Faustus", teils um die umfangreichen Hilfestellungen, die er als Nicht-Musiker benötigte und gerne annahm, zu würdigen, teils um die Schwere des Buchs ein wenig aufzuheben. Und wenn Sie nach dieser Lektüre, die lediglich einen langen verregneten Nachmittag an der Ostsee dauert, bereit sind: dann lesen Sie „Doktor Faustus". Und wenn nicht: Irgendetwas müssen Sie sich ja schließlich fürs Alter aufheben.

Die Kinder schreiben

Katia und Thomas Mann hatten sechs Kinder, von denen alle schrieben und veröffentlichten. Wenn Sie sich nicht nur mit Thomas Mann beschäftigen wollen, sondern auch mit den literarischen Hinterlassenschaften seiner Kinder, gibt es hier eine kleine Auswahl höchst subjektiver Empfehlungen, nebst kurzer Begründung.

Klaus Mann: Das produktivste und begabteste Kind – 1936 erschien im Exilverlag Querido „Mephisto – Roman einer Karriere". Angelehnt an den Aufstieg Gustaf Gründgens im „Dritten Reich" schreibt Klaus Mann einen heute noch sehr lesenswerten Roman, der nach einer Klage des Erben Gründgens vor dem Bundesverfassungsgericht wegen Verstoßes gegen den „postmortalen Persönlichkeitsschutz" bis 1981 in Westdeutschland nicht verlegt wurde – in der DDR aber in sechs Auflagen höchst erfolgreich war. Nach der Oscar-prämierten Verfilmung 1981 erschien der Roman auch in der Bundesrepublik. Neben der Herausgabe der *Sammlung* als bedeutendste Exilzeitschrift haben die in sechs Bänden erschienenen „Tagebücher" Klaus zum immer noch präsenten Chronisten seiner Generation gemacht. Bei ihm liegt man immer richtig.

Erika Mann: In den letzten Jahren Thomas Manns die wichtigste Mitarbeiterin ihres Vaters, leitete sie ganz wesentlich die Neuentdeckung ihres Bruders Klaus in den sechziger Jahren ein. Sie war zu ihrer Zeit höchst erfolgreich als Kinderbuchautorin („Stoffel fliegt übers Meer"). Neuverlegt und lesenswert sind „Zehn Millionen Kinder. Die Erziehung der Jugend im Dritten Reich", das als „School for Barbarians" ab 1938 das Deutschlandbild in den USA wesentlich prägte und das mit Bruder Klaus 1939 geschriebene „Escape to Life" über deutsche Exilierte in den USA.

Golo Mann: Startete nach dem Tod des Vaters als Historiker richtig durch. Er sprach selbst davon, dass erst dessen Tod ihn „befreite" – seine 1958 erschienene „Deutsche Geschichte des 19. und 20. Jahrhunderts" und seine „Wallenstein"-Biografie von 1971 gehören zu den erfolgreichsten und meistübersetzten historischen Werken der Nachkriegszeit. Die „Deutsche Geschichte" ist insbesondere in ihren Porträts von Heine, Marx oder Bismarck immer noch sehr lesenswert.

Monika Mann: Ihr Erinnerungsbüchlein „Vergangenes und Gegenwärtiges", geschrieben und veröffentlicht im Todesjahr Thomas Manns, ist als Taschenbuch wiederveröffentlicht worden, zusammen mit verschiedenen kleinen Arbeiten von ihr. Die Kommentare ihrer eigenen Familie zu ihrem schriftstellerischen Talent grenzten oft an Mobbing – das war höchst ungerecht, lesen muss man Monikas Werke trotzdem nicht unbedingt.

Michael Mann: Versuchte sich erfolgreich als Violinist und später als Germanist in Kalifornien. Nach seinem unerwarteten Tod 1977 gaben Frederic und Sally Tubach, zwei Freunde und Kollegen an der University Berkeley, 1983 den Sammelband „Fragmente eines Lebens" heraus, der auch Gedichte, Erzählungen und Tagebuchauszüge enthält.

Elisabeth Mann: Das durch seine Schriften vielleicht einflussreichste der Mann-Kinder, wenn auch als Wissenschaftlerin. Als wissenschaftliche Mitarbeiterin am Center for the Study of Democratic Institutions legte sie 1968 einen Vorentwurf für eine erste Seerechtsverfassung vor. 1970 war sie als einzige Frau Gründungsmitglied des Club of Rome, schrieb 1975 „Das Drama der Meere" und gab ab 1978 das „Ocean Yearbook" mit heraus. Das 1982 das UN-Seerechtsabkommen verabschiedet wurde, geht auch wesentlich auf ihre Arbeiten zurück. Elisabeth Mann Borgese hat auch literarische Erzählungen veröffentlicht, aber eher aus „Spaß" und um „die Familientradition heiter fortzuführen".

AHA!

Thomas Mann liest vor

„Niemand, kein Schauspieler konnte besser vorlesen als mein Vater. Oder auch nur ebenso gut". Seine Tochter Elisabeth hat es oft erlebt – als Kind, wenn der Vater „ein- oder zweimal im Monat" Märchen vorlas oder später im großen Familien- und Freundeskreis zentrale Kapitel eines neuen Werkes las.

Häufig trug Thomas Mann auch Auszüge noch unveröffentlichter Romane oder Erzählungen vor großem (zahlendem) Publikum vor. Er brauchte die Bestätigung und den Applaus nach den einsamen Stunden am Schreibtisch und – es waren ein großer Haushalt und sechs Kinder zu finanzieren – er war schon früh einer der bestbezahltesten Vortragskünstler seiner Zeit. Als er während der Emigration in den USA unermüdlich durch das Land reiste und sehr nachgefragte und gutbezahlte *lectures* hielt, machten diese Einnahmen einen Gutteil des Familienbudgets aus und unterstützten den Buchverkauf – in einem so großen und diversen Land musste man auch präsent sein.

Über 100 Tonaufnahmen Thomas Manns sind erhalten und bestätigen seinen exzellenten Ruf als Vortragender. Wenn Sie also das nächste Mal ein krankes Kind oder eine*n malade*n Partner*in zu Hause haben, probieren Sie es als Unterhaltungsprogramm doch mal mit einer Lesung von Thomas Mann!

1. „Bekenntnisse des Hochstaplers Felix Krull": Bei verschiedenen Gelegenheiten in den fünfziger Jahren las der Meister die Musterungsszene oder das Gespräch im Zug zwischen Krull und Professor Kuckuck – der perfekte Einstieg!

2. „Tonio Kröger": einzige Vollständige Lesung eines zentralen Werkes, eingelesen 1955.

3. „Joseph und seine Brüder“: Wenn Sie (noch) vor dem längsten Werk Thomas Manns zurückschrecken: Thomas Mann liest das Kapitel „Das bunte Kleid“ aus dem ersten Band – und gibt einen guten Eindruck von der Farbigkeit und Sprachgewalt seines Mammutwerkes.

4. Der letzte Roman „Der Erwählte“ gilt manchen als ein schwächeres Werk. Dann hören Sie die Lesung Thomas Manns aus drei Kapiteln des Mittelalterromans und bilden sich eine eigene Meinung – übrigens ist dieser Vortrag von Tochter Erika bei einer Familienlesung mit dem Tonbandgerät selbst mitgeschnitten worden!

5. „Deutsche Hörer!“ Thomas Manns Radioansprachen, die zwischen 1941 und 1945 von der BBC ausgestrahlt wurden, sind im Manuskript vollständig, aber auch im Vortrag teilweise erhalten. Die fünf- bis achtminütigen Reden zeigen die Denkweise und den politischen Elan des Exilierten – eine tolle Einführung in die Geisteswelt Thomas Manns während des Krieges.

6. Über Thomas Manns große Reden, etwa zu Schiller oder Nietzsche, ist manchmal die Zeit ein wenig hinweggegangen. Wenn Sie sich einen ersten eigenen Eindruck verschaffen wollen, hören Sie den Vortrag „Nietzsches Philosophie im Lichte unserer Erfahrung“, gelesen beim Internationalen PEN-Kongress 1947 in Zürich.

7. Und schließlich Thomas Mann über sich selbst – erhalten sind Rundfunkvorträge über die „Buddenbrooks“, „Der Künstler und die Gesellschaft“ oder seine musikalischen Vorlieben.

Zu hören sind die Originaltöne auf der wunderbaren Sammlung „Thomas Mann – die große Originalton-Edition“ auf 17 CDs oder kostenlos auf YouTube.

Also: Lesen Sie Thomas Mann nicht nur – hören Sie ihn auch!

Und wie geht's weiter?

Sie haben dieses Buch gelesen und die großen und kleinen Werke Thomas Manns – oder es sich zumindest vorgenommen. Und wie geht es nun weiter? Die Biografien, Familiengeschichten, Werkmonografien und Erläuterungen sind Legion und oft sehr, sehr umfangreich – wenn Sie wünschen, bekommen Sie hier ein wenig Unterstützung bei der Auswahl der weiteren Lektüre. Und bitte bedenken Sie – natürlich kann so eine Auswahl niemals alles umfassen, ist zwangsläufig höchst subjektiv und hat nicht den geringsten Anspruch an Vollständigkeit. Seien wir dankbar, dass viele Bücher *über* Thomas Mann hervorragend und kurzweilig geschrieben sind – besonders gilt das für die folgenden.

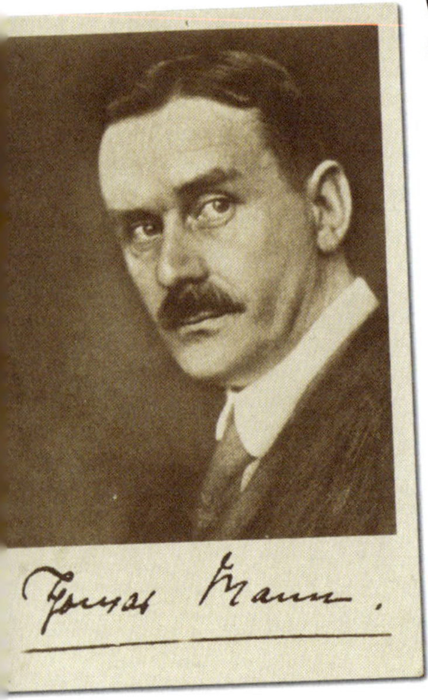

Schon 1920 gab es Thomas Mann-„merch“: Autogrammkarte mit aufgedruckter Signatur

Herman Kurzke: „Ein Porträt für seine Leser“. 2009. Auf knapp 200 Seiten ein kluges und leicht lesbares Buch auch für Thomas-Mann-Anfänger*innen. Der Anfang 2024 verstorbene Professor war auch Mitherausgeber der Großen Kommentierten Frankfurter Thomas-Mann-Ausgabe – seine Thomas-Mann-Biografie „Das Leben als Kunstwerk“ gehört immer noch zu den elegantesten Büchern über Thomas Mann.

Thomas Klugkist: „49 Fragen und Antworten zu Thomas Mann“. 2005. Sehr originell und flott geschrieben – und unbedingt zitierfähig. Auch für Thomas-Mann-Novizen und erste Wahl für Schüler*innen.

Tilmann Lahme: „Die Manns – Geschichte einer Familie". 2015. Kenntnisreich und sehr gut geschrieben. Lahme hat insbesondere die Briefe der Familie Mann zum Teil als Erster ausgewertet. Der Professor und frühere Feuilleton-Redakteur der *FAZ* ist auf der Höhe der Zeit – fachlich und stilistisch.

Edo Reents: „Thomas Mann". 2001. Der *FAZ*-Redakteur schreibt heute über Taylor Swift, Filme, die Deutsche Bahn, Ernie und Bert und vor allem über Thomas Mann. Alles von ihm ist lesenswert, insbesondere dieser (schmale) Band.

Dieter Borchmeyer: Thomas Mann – Werk und Zeit. 2022. Der Doyen der Thomas-Mann-Forschung und Mitherausgeber der Großen Kommentierten Frankfurter Thomas-Mann-Ausgabe behandelt hier nichts Geringeres als eben „Werk und Zeit" in toto: über 1500 Seiten voller Bildungsfrüchten zu Thomas Mann. Der Mount Everest der Thomas-Mann-Forschung: majestätisch, schön und herausfordernd – aber ohne Sauerstoffflasche und Erfahrung wird's schwierig.

Hans Rudolf Vaget: Thomas Mann, der Amerikaner. 2011. Umfangreiches und hervorragend lesbares Buch über die amerikanischen Jahre Thomas Manns. Der Mitherausgeber der Großen Kommentierten Frankfurter Thomas-Mann-Ausgabe war fast vierzig Jahre lang Professor in Massachusetts und hat daher einen anderen (amerikanischen) Blick auf Thomas Mann.

Und natürlich bleibt die oben erwähnte **Große Kommentierte Frankfurter Ausgabe (GKFA)** der Werke Thomas Manns, die seit 2002 im S. Fischer Verlag erscheint. Jedem Textband ist ein ausführlicher Kommentarband an die Seite gestellt – die Expertise und stilistische Brillanz der Verfasser wird auf lange Zeit unerreicht bleiben. In öffentlichen (Universitäts-)Bibliotheken werden Sie die Einzelbände leicht finden.

Bleiben Sie bitte neugierig!

Reading Thomas Mann – womit beginnen?

Natürlich ist schon diese Überschrift eine Unverschämtheit – von Thomas Mann muss man selbstverständlich *alles* lesen, bzw. gelesen haben, oder? Aber wir sind hier unter uns, und nicht im germanistischen Seminar oder in der Fernsehsendung: „Thomas Mann: gestern, heute, morgen".

Bitte keine falsche Scham – Sie haben schließlich schon dieses ganze Buch gelesen, oder zumindest einzelne Kapitel oder sich wenigstens die Bilder angesehen – also: Womit fangen Sie an? Ganz wunderbar für den (Wieder-)Einstieg sind „Felix Krull", „Mario und der Zauberer" oder „Der Tod in Venedig". Der kleine Roman und die Erzählungen bieten neben überschaubarem Umfang stilistisch und inhaltlich den ganzen Thomas Mann in nuce – und benötigen nur einen verregneten Nachmittag, bzw. verregnetes Wochenende. Wenn Sie, je nach Generations-Kohorte und literarischer Sozialisation mit amerikanischen Familienromanen von Jonathan Franzen und John Irving oder auch ähnlich umfangreichen Vampirromanen von Stephenie Meyer („Biss ...") oder gar der Welt des Harry Potter aufgewachsen sind – dann beginnen Sie mit den „Buddenbrooks". Die Personen dieses Sensations-Erstlings werden Sie den Rest Ihres Lebens begleiten und Ihr Leben bereichern – versprochen!

In den meisten Bundesländern steht Thomas Mann nicht mehr im Lehrplan, aber vielleicht haben Sie als Lehrer*in ja ein wenig Zeit – vor den Ferien, z.B. – dann lesen Sie mit Ihrem Deutschkurs doch mal „Unordnung und frühes Leid". Gerade die Szenen, in denen die Eltern freundlich überfordert neben den eine Party planenden Kindern stehen, während diese beständig telefonierend Zu- und Absagen organisieren, sind großartig. Vom Jargon der Kinder (heute Jugendsprache genannt) verstehen die

Eltern kein Wort, sind aber von deren Frisuren (Mädchen und Jungen tragen identische lange Haare) und Rauchgewohnheiten (die erste schon morgens auf dem Fahrrad zur Schule) erstaunlich wenig irritiert. Zumindest in progressiv-bürgerlichen Kreisen hat sich da in 100 Jahren kaum etwas geändert – bis auf das Rauchen.

Wenn Sie schon etwas fortgeschrittener sind und privat schon mal einen Halbmarathon laufen (wollen), dann packen Sie sich den „Zauberberg“ ins Urlaubsgepäck. Erstens werden Sie ein großartiges Buch lesen und zweitens werden die Personen, die mit Ihnen daraufhin am Hotelpool flirten, Sie wahrscheinlich nicht in die nächste Karaoke-Bar schleppen wollen; und drittens, wenn die Frage kommt „Oh, um was geht es in dem Roman?“, haben Sie ja dieses Buch gelesen – was soll da schon schiefgehen!

„Doktor Faustus“ ist toll, aber eher für Fortgeschrittene, alles Weitere steht hier im Kapitel über den Musikroman. Die „Joseph“-Romane gelten als das Hauptwerk Thomas Manns – wenn Sie es einrichten können, lesen Sie diese umfangreiche Geschichte *nach* dem „Zauberberg“ – und, wenn es zu viel wird, überblättern Sie ein paar Seiten, es bleiben noch genug übrig. Oder Sie lassen sich bei Ihrer Thomas-Mann-Lektüre keine Vorschriften machen und lesen, was Sie möchten und in der Reihenfolge, die Sie selbst festlegen. Aber bitte: Lesen Sie ihn!

Das Quiz für echte Thomas-Mann-Experten

1. Das sogenannte Buddenbrookhaus in Lübeck ist
a) das Haus der Großeltern
b) Thomas Manns Geburtshaus
c) das einzige unzerstörte Gebäude, dass man zum „Buddenbrookhaus" erklärt hat

2. Das Lieblingsspielzeug des Kindes Thomas Mann war
a) ein Kaufmannsladen mit Ladentisch und Waage
b) ein Zinnsoldat
c) ein Holzschwert

3. Welches Land hat keine Thomas-Mann-Briefmarke herausgebracht?
a) Mauretanien
b) Schweiz
c) Vereinigte Staaten von Amerika

4. George Tabori schrieb in seiner Hollywoodzeit Ende der vierziger Jahre ein Drehbuchentwurf „The Magic Mountain". Wer sollte Hans Castorp und Claudia Chauchat in dem leider nie realisierten Film spielen?
a) Humphrey Bogart und Ingrid Bergmann
b) Henry Fonda und Rita Hayworth
c) Montgomery Clift und Greta Garbo

5. „Zauberberg" heißt nicht nur ein Roman von Thomas Mann, sondern auch
a) eine Disco in Würzburg (einmal im Monat: „Profs legen auf")
b) ein Restaurant in Straubenhardt bei Pforzheim („Rinderroulade mit Spätzle und Salat, 19,50 €")
c) das Kinderspiel des Jahres 2022 („mit innovativem Murmelmechanismus")

6. Welchen Disney-Film fand Thomas Mann so „allerliebst", dass er ihn gleich zweimal im Kino anschaute?
a) Schneewitchen
b) Fantasia
c) Bambi

7. Wer synchchronisiert den Papagei des Zahnarztes in der „Buddenbrooks"-Verfilmung von 1959?

a) Golo Mann
b) Erika Mann
c) Elisabeth Mann Borgese

8. Was meinte Katia Mann, als sie bei der Amerika-Tournee 1938 erklärte: „When we get to a dry state (...), we still have our fun" ?

a) Aus dem Zugfenster konnte man sehen, dass die „große Dürre" der dreißiger Jahre der Landschaft sehr zugesetzt hatte.
b) In den „dry states" galt noch die Alkohol-Prohibition, daher hatte man ein verschließbares Kästchen mit Whisky dabei.
c) „Dry states" war ein damaliger umgangssprachlicher Ausdruck für tiefste Provinz in der Mitte des Landes, heute meist „flyover states" genannt.

9. Der mittlere Sohn Thomas Manns und berühmte Historiker wurde stets „Golo" genannt. Wie war sein eigentlicher (Tauf-) Name?

a) Gotthard Heinrich Thomas
b) Angelus Gottfried Thomas
c) Gerhard Otto Leopold

10. Die großen Kinder Klaus und Erika nannten Thomas Mann den „Zauberer", wie nannten ihn die Jüngsten, Tochter Elisabeth und Sohn Michael?

a) Herr Papale
b) Herr Thomas
c) Doktorle

11. Und wie war der Spitzname von Katia Mann für ihren Gatten?

a) TomTom
b) Tommy
c) Tomasio

12. Auf welcher Mittelmeerinsel lebte Monika Mann über 30 Jahre mit dem Fischer Antonio Spadaro zusammen?

a) Ischia
b) Capri
c) Lampedusa

13. Welchen bedeutenden deutschen Maler traf Thomas Mann 1947 bei der achttägigen Überfahrt nach New York?

a) Max Beckmann
b) Max Liebermann
c) Max Pechstein

14. Wie nennt sich das Team der Sprecher*innen des Jungen Forums der „Deutschen Thomas Mann Gesellschaft":

a) Mann Ultras
b) Team Tommy
c) Junge Thomasianer

15. In den „Buddenbrooks“ gibt es beim Einweihungsbankett des neuen Hauses einen „Plettenpudding“. Was ist das?

a) ein geschichtetes Dessert aus Makronen, Himbeeren, Biskuit und Eiercreme
b) eine gefüllte Biskuitrolle („geplettet“ = gewalzt)
c) Vanillepudding mit kandierten Früchten (aus Plettenberg)

16. 1884 verlässt Thomas Mann die Schule ohne höheren Abschluss und beginnt anschließend

a) ein Musikstudium in Heidelberg
b) ein Volontariat bei einer Münchner Versicherungsgesellschaft
c) eine Herrenschneiderlehre in Berlin

17. Die zwischenzeitlich abgerissene Thomas-Mann-Villa in München wurde von einem privaten Investor zu Beginn des 2000er-Jahre äußerlich originalgetreu am ursprünglichen Ort wiederaufgebaut und privat bewohnt. Wie heißt der neue Besitzer, der 2015 die teuerste Villa Münchens kaufte? (Kein Witz!)

a) Thomasio Mann
b) Thommes Mann
c) Thomas Manns

18. Durch Heirat war Erika Mann ab 1935 britische Staatsbürgerin geworden. Ab 1943 war sie trotzdem Kriegskorrespondentin der 9. Armee der US-Streitkräfte und gleichgestellt einem Offizier im Range eines

a) Captain
b) Major
c) First Lieutenant

19. Julia, die Mutter von Thomas Mann, wurde nicht in Deutschland geboren, sondern verbrachte ihre ersten Lebensjahre in

a) Paraty, Brasilien
b) Coimbra, Portugal
c) Macau, damals portugiesischer Freihafen in China

20. Als Internatsschüler in Salem spielte Golo Mann 1927 die Hauptrolle in einem Theaterstück von Friedrich Schiller. In welchem?

a) „Wallensteins Tod“
b) „Kabale und Liebe“
c) „Maria Stuart“

21. Welche Figur gibt es nicht im literarischen Kosmos von Thomas Mann?

a) Sesemi Weichbrodt
b) Lobgott Piepsam
c) Detlev Klöterlieb

Quiz-Lösungen

1 a, 2 a, 3 c, 4 c, 5 a, b und c sind richtig, 6 c, 7 b, 8 b, 9 b, 10 a, 11 b,
12 b, 13 a, 14 b, 15 a, 16 b, 17 c, 18 a, 19 a, 20 a, 21 c

Zitate

„Thomas Mann ist mir ein Beispiel dafür, wie man auf keinen Fall schreiben darf."

Hans Erich Nossack

„Es wäre mir eine Ehre, im Garten des Meisters ein Bein zu brechen."

Stefan Zweig, der bei Glatteis Thomas Mann besuchte, zur Tochter Elisabeth

„Es ist das erstaunlichste Leben unseres Jahrhunderts, jenem Goethes vergleichbar."

Schweizer Zeitung zu Thomas Manns 78. Geburtstag – zitiert nach seinem Tagebuch. Er fügte dort ironisch hinzu: „Fiel mir auch schon auf".

„Thomas Mann tritt uns als Exponent einer bis zur Dummheit gehenden Abneigung gegen Deutschland entgegen."

Frankfurter Allgemeine Zeitung, 6. Juni 1950.

„Lebte er noch, und sähe ich ihn auf der Straße angegriffen von fünf wilden Gesellen: Ich würde mich dazwischenwerfen".

Juli Zeh

„Völlig verkrampft und ein typischer deutscher Kleinbürger"

Thomas Bernhard

„Er ist einer der wenigen, der Verantwortung für die Sprache zeigte."

Ernst Jünger

„In meiner Playlist steht Thomas Mann neben Tocotronic."

Thomas Lang